Josef Ben-Eliezer

Meine Flucht nach Hause

Josef Ben-Eliezer

Meine Flucht nach Hause

Aus dem Englischen von Ingrid von Heiseler

NEUFELD VERLAG

Die englische Originalausgabe dieses Buches erschien unter
dem Titel *My Search* bei Plough Publishing House der Church
Communities Foundation, Rifton, NY 12471 USA and by Church
Communities UK Robertsbridge, East Sussex TN32 5DR UK

Die Deutsche Bibliothek verzeichnet diese Publikation in der
Deutschen Nationalbibliografie; detaillierte bibliografische
Daten sind im Internet über www.d-nb.de abrufbar

Lektorat: Daniel Hug, Lukas Baumann
Umschlaggestaltung: spoon design, Olaf Johannson
Umschlagbilder: oben: Josef als junger Mann © privat
unten: Kinder des Teheraner Kindertransports © USHMM
Fotos Innenteil: © privat, mit Ausnahme
von S. 58 © Central Zionist Archives
Landkarten: © StepMap
Satz: Neufeld Media, Weißenburg in Bayern
Herstellung: GGP Media GmbH, Pößneck

© 2015 Neufeld Verlag Schwarzenfeld
ISBN 978-3-86256-059-2, Bestell-Nummer 590 059

Nachdruck und Vervielfältigung, auch auszugsweise,
nur mit Genehmigung des Verlages

www.neufeld-verlag.de/www.neufeld-verlag.ch

Bleiben Sie auf dem Laufenden:
newsletter.neufeld-verlag.de
www.**facebook**.com/NeufeldVerlag
www.neufeld-verlag.de/**blog**

NEUFELD VERLAG

Inhalt

In dieser großen Verwirrung gibt es unschuldige Menschen mit reinem Herzen, die nicht mehr weiterwissen; die von dem, was sie sehen, erschüttert sind und die sich voller Schmerz und Sorge fragen: „Woher wird uns Hilfe kommen? Wer wird uns führen und mit seinem Leben und seinem Tun ein Vorbild sein? Wem können wir folgen?" Junge und Alte suchen mit großem Verlangen nach dem wahren Licht und ringen mit ihren Zweifeln.

Natan Hofshi, israelischer Pazifist (1889–1980)

Geleitwort des Verlags

Wie hier jemand sein abenteuerliches Leben auf eine ganz unspektakuläre und bescheidene Art erzählt, mit schonungsloser Ehrlichkeit auch innere Kämpfe und Zweifel schildert, das hat uns sofort für diesen Autor eingenommen. Jemand der Ablehnung und Verfolgung erfahren hat, dessen Leben mehrfach bedroht war, der mehrfach fliehen musste, der aber auch in seinem Inneren auf der Suche war nach Sinn, nach Menschlichkeit, nach Brüderlichkeit, findet schließlich nach Hause. Was für eine Geschichte! Und auf ihre individuelle Weise passt sie wunderbar zu unserem Verlagsmotto „Stellen Sie sich eine Welt vor, in der jeder willkommen ist".

Joseph Ben-Eliezer hat seine Lebensgeschichte auf Bitten seiner Kinder aufgeschrieben. Aber sie ist von Bedeutung für alle, die diese Suche nach Sinn kennen – und die Sehnsucht, ihn in die Tat umzusetzen.

Großmutter, Lena, Judith, Mutter, Onkel Milech, Josef, Leo

1. Früheste Erinnerungen

Ich wurde im Juli 1929 als Josef Nacht in Frankfurt am Main geboren. Meine Eltern waren osteuropäische Juden, die einige Jahre zuvor aus Polen gekommen waren. Anders als die Juden, die seit Generationen in Deutschland gelebt hatten, wussten sie wenig oder gar nichts von der deutschen Kultur – zum Beispiel von Goethe und Schiller. Die meisten deutschen Juden waren wohlhabender und gebildeter. Sie waren auch patriotisch, sie betrachteten sich als Teil der Mittelschicht der deutschen Gesellschaft. Wir aber fühlten uns in Deutschland nicht so sehr zu Hause.

Als ich geboren wurde, war mein Bruder Leo schon elf und meine Schwester Lena zehn. Eineinhalb Jahre lang war ich das Baby in der Familie, und auch als meine jüngere Schwester Judith geboren wurde, bekam ich noch besonders viel Zuwendung, denn ich war oft krank. Damals hatten meine Eltern sich schon ein recht gutes Leben aufgebaut, und ich war ein ziemlich verwöhntes Kind. Wir wohnten mit einigen Verwandten aus der Familie meiner Mutter im selben Haus, so dass ich meine Zeit oft damit verbrachte, mit meinen Cousins und Cousinen zu spielen.

Meine Eltern hatten zusammen mit meinem Onkel Chaim Simcha so etwas wie ein Warenhaus. Damals sparten sich viele junge Jüdinnen von ihren ersten Einkommen eine Aussteuer für den Tag ihrer Hochzeit zusammen: ein paar Laken, Kissen und Decken und manche sogar ein Federbett. Mein Vater und mein Onkel verkauften dieses

Leinenzeug, das in monatlichen Raten abgezahlt wurde. Das Geschäft ging gut und unsere Großfamilie erwarb einigen Besitz in Frankfurt. Wir hatten also das Glück, dass wir reich genug waren, um Deutschland zu verlassen, als die Nationalsozialisten an die Macht kamen.

Meine Erinnerungen an Frankfurt sind vielfältig und unzusammenhängend: ein aufregender Besuch im Zoo, furchtbare Halsuntersuchungen im Kindergarten und ein fantastischer Süßwarenladen gleich um die Ecke von unserem Haus.

Meine erste Begegnung mit dem Antisemitismus war das Entsetzen meiner Mutter, als ich nach Hause kam und in ihrer Gegenwart „Drecksjude" sagte. Ich war damals drei Jahre alt und hatte das Wort wahrscheinlich von Spielkameraden aufgeschnappt. Natürlich wusste ich nicht, was es bedeutete. Kurz darauf sahen wir Adolf Hitlers SA[1] durch die Straße vor unserem Haus marschieren und hörten sie singen: „Wenn das Judenblut vom Messer spritzt ..." Mehr noch als an meine eigene Angst erinnere ich mich an den Ausdruck von Furcht in den Augen meiner Eltern.

Als Hitler im Januar 1933 an die Macht kam, waren meine Eltern davon überzeugt, dass wir Deutschland verlassen müssten. Im April ging mein Vater nach Palästina, um dort einen Platz für uns zu finden. Acht Monate lang warteten wir voller Angst auf Nachricht von ihm, aber am Ende gelang es ihm nicht, die Einreiseerlaubnis der britischen Behörden für uns zu bekommen. Er schickte uns die Nachricht, dass wir in Polen wieder mit ihm zusammentreffen sollten, denn er meinte, es sei nicht sicher für

---

1 Die SA (Sturmabteilung) war eine Kampforganisation der NSDAP, die als Ordnertruppe eine entscheidende Rolle beim Aufstieg der Nationalsozialisten spielte.

ihn, nach Deutschland zurückzukehren. Nach der glücklichen Wiedervereinigung der Familie auf dem Bahnhof in Rzeszów setzten wir unsere Reise fort und fuhren nach Rozwadów, der Heimatstadt meiner Mutter. Dort verbrachten wir die nächsten sechs Jahre

Leo mit einem Freund und Josef mit einem Freund vor dem Haus der Familie in Rozwadów

2. Rozwadów:
Leben im Schtetl

Rozwadów war eine kleine Stadt mit vielleicht fünftausend Einwohnern. In der Stadtmitte war ein Platz – riesig in meiner Erinnerung –, wo einmal in der Woche Markt war. Mitten über den Platz führte eine belebte Straße. Sehr selten sahen wir dort ein Automobil fahren, den Hauptbetrieb bildete ein ständiger Verkehr von Pferden und Wagen. Ich hatte einen guten Freund, der meinem Vater Waren lieferte. Er war vor den Kommunisten in seiner Heimat Georgien geflohen und war ziemlich arm. Ich verbrachte meine Zeit gerne mit ihm und seiner Familie. Es war faszinierend, ihm beim Seilmachen zuzusehen und den wunderbaren Geschichten zuzuhören, die er in seinem einzigartigen jiddischen Dialekt erzählte.

Wir wohnten in einem Reihenhaus, das an der einen Seite des großen Platzes stand. Auf der Rückseite des Hauses war ein Hof, der sich ein- oder zweihundert Meter weit bis zu einem Feldweg erstreckte. Gemeinsam mit unserem Nachbarn hatten wir einen Brunnen, denn im Haus gab es kein fließendes Wasser. Die Toilette war draußen und das Haus wurde mit einem Holzofen beheizt. Heute klingt das alles recht primitiv, aber damals war das ganz normal. Alle Leute lebten so.

Mein Vater betrieb einen Großhandel mit Zucker und ähnlichen Waren. Er kaufte große Mengen ein und versorgte Geschäfte in einem großen Gebiet um Rozwadów. Die Waren wurden im Erdgeschoss und in den Kellerräumen unseres Hauses gelagert. Unsere Wohnräume befanden sich im ersten Stock. Ich hörte oft den Gesprächen meiner Eltern zu. Sie dachten wahrscheinlich, dass ich sie noch nicht verstehen würde, aber ich war sehr neugierig und nahm alles in mich auf. Das Problem war immer die Zahlungsmoral: Die Leute kauften Waren auf Kredit und konnten dann nicht zahlen. Das war eine ständige Sorge meiner Eltern.

Manchmal hatte mein Vater auch Süßigkeiten auf Lager. Dann war ich oft im Laden vorne im Haus, um etwas davon abzubekommen. Oder ich erbettelte mir etwas Geld, um mir in einem anderen Laden in der Straße etwas zu kaufen. Ich war ein schwieriger Esser und meine Eltern gaben mir manchmal Geld, damit ich meine Mahlzeiten aufäße. Mein Vater war mit Geld ziemlich streng, aber nachdem Alte Chaija, meine Großmutter, bei uns eingezogen war, bekam ich gewöhnlich, was ich wollte. Sie war zunächst in Deutschland geblieben, aber als wir mehr und mehr darüber hörten, was dort passierte, konnte meine Mutter sie schließlich überzeugen, dass sie zu uns nach Polen kommen sollte.

Der Tod von Alte Chaija war ein schwerer Schlag für unsere ganze Familie, dabei war sie schon weit über achtzig. Eines Morgens, als sie gerade dabei war, Eier für Leo zu braten, rief sie plötzlich meine Mutter zu sich und sagte ihr, es sei Zeit für sie zu gehen. Meine Mutter konnte nicht glauben, dass es ihr Ernst war. Sie war nicht krank und es schien ihr nichts zu fehlen. Aber Alte Chaija legte sich einfach in ihr Bett und starb ganz friedlich.

Rozwadów war ungefähr halb jüdisch und halb katholisch, und wir lebten in einem gemischten Viertel. Im Schaufenster der Fleischerei, die zwei oder drei Häuser von uns entfernt war, hing gewöhnlich Schweinefleisch. Einer unserer nächsten Nachbarn war Pole, aber wir hatten sehr wenig Kontakt mit ihm.

Die Juden in der Stadt hatten ein starkes Gefühl der Zusammengehörigkeit, trotz aller Unterschiede zwischen Reich und Arm, trotz Klatsch, Intrigen und dergleichen. In Polen besaßen Juden nicht alle Rechte, in unserem Umgang mit Polen waren wir jedoch nicht eingeschränkt. Ich bin sicher, dass meine Eltern in ihrem Geschäft oft mit Polen zu tun hatten, ich als Kind hatte allerdings gar keinen Kontakt. Ich lernte also erst Polnisch, als ich in die Schule kam. Um die katholische Kirche machten wir einen großen Bogen, denn wir hatten gehört, dass dort Götzen angebetet würden. Überhaupt hatten wir immer Angst vor den Christen, besonders an Ostern. Nach ihren Gottesdiensten zogen sie bisweilen zu Pogromen los, verwüsteten jüdischen Besitz und versuchten, in unsere Läden einzubrechen. Also schlossen wir zu Ostern und überhaupt an allen christlichen Feiertagen unsere Läden.

Sehr bald, nachdem wir in Rozwadów angekommen waren, sagte mein Vater zu mir: „Also, Josef, du musst in den *Cheder* gehen." Das war die traditionelle Schule für jüdische Jungen. Dort lernten wir Hebräisch, angefangen mit dem Alphabet. Der *Melamed* (Lehrer) leitete uns zum gemeinsamen Singen der Buchstaben an, und er hatte keine Bedenken, seinen Stock zu benutzen, um Ordnung zu halten. Später lernten wir Teile des Pentateuchs[2], indem wir sie ihm nachsprachen. Irgendetwas müssen wir in seinem Unterricht gelernt haben, denn als ich später nach Israel kam, fiel es mir leicht, Hebräisch zu lernen.

---

2   Pentateuch ist die Bezeichnung der ersten fünf Bücher des Alten Testaments.

Wir haben es unserem Lehrer nicht leicht gemacht. Die Jungen hatten herausgefunden: Wenn sie einander in einer Reihe an den Händen hielten und der erste in der Reihe ein Kabel im Sicherungskasten anfasste, bekam der letzte Junge in der Reihe den Stromschlag zu spüren. Ein solcher Schlag war also die raue Begrüßung in den *Cheder*, die ich als Vierjähriger bekam. Wenn der Lehrer den Raum verließ, brach zwischen den fünfzehn bis zwanzig Jungen ein Tumult los. Selbst wenn er da war, spielten einige Jungen unter dem Tisch Karten und riskierten damit Schläge. Ich erinnere mich an einen älteren Jungen, der den anderen je einen Baum in Palästina verkaufte und dafür Geld kassierte. Ich habe den ein oder anderen Geschäftstrick von ihm gelernt, auch wenn ich meinen Baum nie zu Gesicht bekommen habe.

Als ich sieben geworden war, musste ich in die polnische Schule gehen. Meine Eltern und Geschwister brachten mir bei, auf einfache Fragen zu antworten: Wie ich hieße, wo ich geboren sei, wie mein Vater und meine Mutter hießen und dergleichen. Mit der Zeit lernte ich die Grundlagen der polnischen Sprache und war ziemlich gut im Rechnen. Allerdings habe ich keine glücklichen Erinnerungen an diese Schule. Ganz abgesehen von den Sprachschwierigkeiten, sahen die polnischen Kinder und sogar der Lehrer auf die jüdischen Schüler herab und machten ihnen das Leben schwer.

Gemeinsame Mahlzeiten waren in unserer Familie selten. Gewöhnlich kamen meine Mutter oder Lena nur schnell aus dem Laden herauf und kochten etwas für uns Kinder. Die Abende verbrachten wir häufiger zusammen. Sonntags mussten wir den Laden schließen, deswegen machten wir oft Ausflüge. Die Geschäftsleute gingen an den Fluss. Samstags machten Juden keine Geschäfte und wir gingen nicht weit weg, aber an den Sonn- und öffentlichen Feiertagen nutzten wir die Gelegenheit, solche Sachen zu unternehmen. Ich erinnere mich an glückliche Familienausflüge zum Fluss San und an Picknicks.

Ich war ein ziemlich nervöses Kind, hatte viele gesundheitliche Probleme und aß nicht ordentlich. Oft musste ich zum Zahnarzt, wahrscheinlich wegen meiner unverbesserlichen Vorliebe für Süßigkeiten. Als ich etwa fünf war, hatte ich ein Geschwür an einem Zeh. Jemand erzählte meiner Mutter von einem Mann, der helfen könnte; ich denke, er war kein richtiger Arzt. Er streute ein Pulver auf das Geschwür und ich stieß vor Schmerzen einen ohrenbetäubenden Schrei aus, der mir noch jetzt in den Ohren gellt. Das Geschwür kam nicht wieder, aber ich habe seitdem eine Narbe von dieser Behandlung.

Einmal musste ich einige Wochen in Krakau verbringen, wo ein Spezialist mein entzündetes Ohr behandelte. Ich habe schreckliche Erinnerungen daran, wie er jeden Tag den Eiter aus meinem Ohr schabte, aber als wir nach Hause kamen, kauften mir meine Eltern ein Dreirad. Das war in Rozwadów etwas ganz Neues.

Als ich etwa neun war, fuhr meine Mutter mit Judith und mir für einige Wochen Urlaub in die Karpaten. Ich habe noch heute ein Foto, auf dem wir vor einem Mann im Bärenkostüm stehen, der die Arme um uns gelegt hat. Ich denke, diese Reise war ein Versuch, meinen Gesundheitszustand zu verbessern.

Josef und Judith in einem Erholungsort in den Karpaten

Eigentlich hatten wir nicht geplant, lange in Rozwadów zu bleiben. Meine Eltern wollten immer noch nach Palästina.

Onkel Chaim Simcha und seine beiden Söhne waren schon dort. Ich vermute, sie waren noch reingekommen, bevor die Briten versuchten, den Zuzug von Flüchtlingen aus Deutschland aufzuhalten. Mein Vater erzählte oft spannende Geschichten über das, was er in den acht Monaten seines Aufenthaltes dort erlebt hatte. In seinen Erzählungen war alles sehr interessant und glanzvoll, sodass ich davon träumte, eines Tages nach Palästina auszuwandern, ins Gelobte Land.

Sprinze, Mutter, Milech, Großmutter, Rahel

3. Religiöses Leben

Die Schabbatfeier stand im Mittelpunkt unserer religiösen Tradition. Am Freitagnachmittag nahm mich mein Vater mit in die *Mikwe*, die rituellen Bäder. Zuerst goss jeder einen Eimer Wasser über sich und wusch sich mit Seife. Dann gingen wir in eine Art Sauna, einen Raum voller Dampf mit etwa zwanzig langen Stufen, die an einer Seite in die Höhe führten. Ich konnte bis auf die vierte Stufe klettern, auf cen höheren Stufen war es mir zu heiß. Danach tauchten wir in kaltem Wasser unter. Innerlich und äußerlich gereinigt kamen wir aus der *Mikwe* wieder hervor. Dann zogen wir unsere besten Kleider an und gingen nach Hause, um die Schabbat-Kerzen anzuzünden. Diese Zeremonie bewegte uns tief und meine Mutter hatte oft Tränen in den Augen, wenn sie die Kerzen anzündete.

Nachdem die Kerzen angezündet waren, gingen mein Vater, Leo und ich zum Abendgebet in die Synagoge. Die alten Melodien, die der *Vorbeter* sang, drangen mir ins Herz. Ich verstand nur wenige der hebräischen Wörter, aber die Melodien und das Gefühl dieser gesungenen Gebete drückten deutlich die Verfolgung und das Leiden unseres Volkes und die Sehnsucht nach Gott und Erlösung aus. Ich erlebe diese Freitagabende noch heute nach, wenn ich mich zurückziehe und meine zerkratzten Platten von Jossele Rosenblatt auflege.

Wenn irgendein Reisender oder Fremder in der Synagoge war, wurde es als *Mitzwa* (gute Tat) betrachtet, ihn zum Schabbat-Mahl mit nach Hause zu nehmen. Mutter hoffte immer, mein Vater werde jemanden mitbringen, und das tat er auch oft. Mein Vater leitete uns zu Hause beim Singen von *Shalom Aleichem* und *Eschet Chajil* an, wir nahmen die rituelle Handwaschung vor und versammelten uns um den festlich gedeckten Tisch. Mein Vater segnete den Wein und danach das *Challa*, das Schabbat-Brot. Die Mahlzeit zog sich dann über Stunden hin, zum Beispiel mit *gefilte Fisch*, gefolgt von *Lokschen mit Joch* und dann einem Nachtisch. Nach dem Essen las uns mein Vater etwas von Scholem Alejchem oder anderen berühmten jiddischen Autoren vor. Am Ende des langen Abends sangen wir gemeinsam viele Gebete und Psalmen.

Am Schabbat-Morgen schliefen wir aus. Nach einem leichten Frühstück – oft gab es Kuchen – ging die ganze Familie in die Synagoge. Am Freitagabend war es dort sehr feierlich, während am Samstagmorgen eine geselligere Atmosphäre herrschte. Ich liebte es zuzuschauen, wie der Vorleser den besonderen Schrank mit den Thora-Rollen öffnete, die nach Jerusalem wiesen. Er nahm die samtene Hülle ab, so wie es vorgeschrieben war, und legte die Rollen auf das Pult in der Mitte der Synagoge. Mein Vater oder andere Männer aus der Gemeinde wurden aufgerufen und es wurde ihnen die besondere Ehre zuteil, dem Vorleser zu assistieren.

Mit den Vorlesungen aus der Thora und den Propheten waren viele Rituale verbunden. Sie wurden mit viel Feierlichkeit ausgeführt, aber gleichzeitig milderte eine lockere, unbeschwerte Atmosphäre den Ernst des Gottesdienstes. Manchmal nickte mein Vater während der langen Vorlesungen ein. Dann trat ein anderer Mann hinter ihn, der ihn am Ohr zupfte und dann so tat, als hätte er nichts gemacht. Die *Schul* dauerte Stunden.

Während das alles vor sich ging, saß meine Mutter natürlich im Frauenteil der Synagoge. Ich denke, die Frauen nahmen das alles ernster als die Männer. Zwar verstand meine Mutter kein Hebräisch, doch ihr war anzusehen, dass sie es tief in ihrem Herzen empfand. Die kleineren Kinder konnten sich zwischen dem Männer- und dem Frauenteil frei bewegen. Oft sah ich, dass meine Mutter weinte.

Nach einer reichlichen Mahlzeit zogen wir uns normalerweise zu einem Mittagsschlaf zurück. Manchmal nahm mich mein Vater zum Haus des Rabbis mit. Das war in gewisser Weise das Zentrum des spirituellen Lebens der Männer. Sie sprachen mit dem Rabbi über die Schrift und den Talmud. Mein Bruder Leo kam nicht mit, denn er war mit Projekten für die Zionistische Jugendbewegung beschäftigt.

Wenn die ersten Sterne am Abendhimmel erschienen, gingen wir noch einmal in die Synagoge. Die richtige Abschlusszeremonie wurde jedoch zu Hause abgehalten. Wir aßen noch einmal gemeinsam und sangen Gottes Lob, der Licht und Finsternis und Heiliges und Profanes voneinander geschieden hatte. Wir folgten Schabbat – der „Königin" – an die Tür und verabschiedeten uns für eine Woche von ihr. Dann fingen die Geschäfte wieder an: Wir mussten uns Gedanken über den nächsten Tag machen.

Lazar Nacht, Josefs Vater

Mina Nacht, Josefs Mutter

4. Flüchtlinge

Als 1939 der Krieg ausbrach, war ich zehn Jahre alt. Er brach wie ein Gewitter in einen sonnigen Sommertag ein. Das kulturelle, religiöse und ethnische Leben in Rozwadów wurde für immer zerstört. Die Menschen hingen vor ihren Radios. Uns wurde bald klar, dass die einmarschierenden Deutschen schnell durch Polen vorankamen und dass die polnische Armee geschlagen war. Massen von polnischen Soldaten kamen auf ihrem Rückzug durch die Stadt, darunter viele Juden. Meine Mutter und einige andere Frauen eröffneten eine Küche im Freien, um für die Soldaten zu kochen.

Das Geschäft meines Vaters war zerstört worden, noch ehe die Deutschen eingerückt waren. Zuerst kamen Offiziere der polnischen Armee und beschlagnahmten den Großteil unserer Vorräte an Zucker und Reis. Sie gaben uns Quittungen, aber schon damals hatten wir keine Hoffnung, dass wir jemals irgendeine Bezahlung dafür bekommen würden. Danach brachen Chaos und Gewalt aus. Ein polnischer Mob zog durch die Straßen, brach in die Läden ein und plünderte. Sie nahmen alles mit, was in unserem Geschäft noch übriggeblieben war.

Da wir fürchteten, dass die Deutschen alle arbeitsfähigen Männer in Arbeitslager schicken würden, flohen mein Vater und mein damals einundzwanzigjähriger Bruder in Richtung russische Grenze. Sie kamen allerdings nach etwa zwei Wochen zurück, weil die deutschen Armeen schon vorgerückt waren und die Grenze abgeriegelt hatten.

Als die Deutschen auf Rozwadów vorrückten, nahmen sie die Stadt in nur wenigen Stunden ein. Wir verbrachten die Nacht im Keller und hörten den Lärm der Explosionen und des Artilleriefeuers. Danach versteckten sich mein Vater und Leo auf dem Dachboden. Uns wurde eingeschärft, zu sagen, sie seien nach Russland geflohen.

Als Zehnjähriger war mir überhaupt nicht klar, wie ernst die Situation war. Meine Freunde und ich rannten in der Stadt umher und sahen uns die Soldaten an. Ich erinnere mich, wie ich auf einem Platz stand und zusah, wie ein deutscher Offizier seine Soldaten versammelte, um ihnen eine aufmunternde Rede zu halten. Er ging vor den Soldaten in Habachtstellung hin und her. Da Deutsch und Jiddisch einander so ähnlich sind, verstand ich vieles von seiner Ansprache: „...Wir sind hier siegreich gewesen und wird sind dort siegreich gewesen ... Wir haben in allen diesen Ländern einen Samen gepflanzt. Polen ist nur der Anfang. Deutschland wird die ganze Welt beherrschen."

Wir durften uns weder in der Synagoge treffen noch irgendwo versammeln. Aber da *Jom Kippur* war, trafen wir uns trotzdem in einem der Häuser, um unsere Gebete abzuhalten. Diesen leidenschaftlichen Schrei nach Gottes Eingreifen und Schutz werde ich niemals vergessen. Niemand von uns wusste, was uns bevorstand, aber alle befürchteten das Schlimmste.

Etwa einen Monat, nachdem die Deutschen einmarschiert waren, wurde allen Juden befohlen, sich innerhalb einer Stunde auf einem Platz zu versammeln. Niemand sagte uns, was geschehen sollte, aber wir packten alles zusammen, was wir auf dem Rücken tragen konnten.

Deutsche Offiziere (Angehörige der SS[3], wie ich heute vermute) befahlen uns, in Richtung auf den Fluss San zu marschieren. Sie schrien und trieben uns vorwärts – lange Reihen von Männern, Frauen und Kindern, die alle so viel trugen, wie sie nur konnten. Ein Deutscher fuhr auf einem Motorrad vorbei und trieb uns an, schneller zu gehen. Er schlug meinen Vater mit dem Bajonett. Ich glaube nicht, dass mein Vater schlimm verletzt war, aber er fiel, und dieses Erlebnis hinterließ einen tiefen Eindruck auf mich.

Als wir schließlich am San ankamen, waren dort noch mehr Soldaten. Ich kann mich nicht erinnern, wie wir über den Fluss gekommen sind, aber ich erinnere mich, dass die Soldaten uns durchsuchten und uns alle Wertsachen abnahmen. Wie schon so oft hatte mein Vater vorausgesehen, was geschehen könnte, und unser Geld in die Unterwäsche meiner jüngeren Schwester eingenäht. Viele verloren hier ihre letzten Habseligkeiten, aber uns gelang es glücklicherweise, mit etwas Geld, unseren Pelzmänteln und einigen anderen Wertsachen über den Fluss zu kommen.

Das östliche Ufer des San war so etwas wie ein Niemandsland. Scheinbar stritten Hitler und Stalin noch darüber, wer es bekommen sollte. Dort fanden wir vorübergehend Unterkunft in einem Dorf. Weil noch unklar war, ob das Gebiet unter deutsche oder russische Herrschaft fallen würde, wollte dort niemand lange bleiben. Meinem Vater und einigen anderen Familien gelang es, zusammen einen Wagen mit Pferd zu kaufen, sodass wir uns weiter auf das russisch besetzte Gebiet zu bewegen konnten.

---

3 Die SS („Schutzstaffel" der NSDAP) war als Adolf Hitlers Prügelgarde maßgeblich am Holocaust beteiligt.

Nicht lange danach hörten wir, dass die Deutschen vorrückten, also luden wir all unsere Besitztümer und einige der kleineren Kinder auf den Wagen und machten uns auf den Weg nach Osten. Als wir durch einen Wald kamen, tauchten aus dem Nichts Räuber mit Pistolen auf und befahlen uns anzuhalten. Natürlich hatten wir Angst, aber ein beherzter Mann stand auf und sagte: „Ihr könnt mich töten, wenn ihr wollt, aber wir werden für diesen Wagen kämpfen." Einer seiner Söhne stand neben ihm und hob einen Stein auf. Die Räuber rissen ein Fahrrad vom Wagen, aber dann verschwanden sie und wir konnten weiterfahren.

Als die Nacht hereinbrach, wurde es zu gefährlich weiterzufahren, also kehrten wir wieder um und fuhren zurück zu einem wenige Kilometer entfernten Gasthaus, das einem Juden gehörte. Viele Flüchtlinge hatten dort Unterkunft gefunden. Spät in der Nacht kamen Dorfbewohner und umzingelten das Gasthaus. Sie schrien Beschimpfungen und montierten die Räder von unserem Wagen ab. Wir waren vollkommen umzingelt und ich war überzeugt, dass diese Polen uns alle umbringen würden. Aber plötzlich sprang einer der polnischen Männer auf einen Wagen und brüllte die anderen an: „Schämt ihr euch nicht, diese hilflosen Leute anzugreifen? Morgen werdet ihr an der Reihe sein! Geht alle nach Hause! Ich werde mit meinem Sohn hier stehen, und wenn einer von euch sich an diesen Juden vergreifen möchte, dann nur über unsere Leichen!" Der Mob hielt daraufhin inne und die Menge zerstreute sich langsam. Seit dieser Nacht habe ich nie wieder von dem Mann gehört, aber seine Tapferkeit und seinen Mut, diesem wütenden Mob die Stirn zu bieten, werde ich mein Leben lang respektieren und bewundern.

Nach ungefähr einer Woche gelang es uns, das von den Russen besetzte Gebiet zu erreichen. Die Entfernung war nicht groß, aber es ging nur langsam vorwärts. Tagsüber ging es durch Wälder und nachts machten wir in den Dörfern Rast. In dieser Woche überholten uns die vorrückenden Deutschen sogar, aber sie ließen uns unbehelligt.

Wir freuten uns alle sehr, endlich russische Soldaten zu sehen und zu wissen, dass wir den Deutschen entkommen waren. Der Ort – ich denke, er hieß Lanzit – quoll von Flüchtlingen über, also quetschten wir uns in einen Zug nach Lwow, in der Hoffnung, dort Unterkunft zu finden. Auch Lwow war überfüllt, aber ein entfernter Verwandter, ein Kaufmann, ließ uns in einem seiner Warenlager wohnen.

Wir waren dankbar, ein Dach über dem Kopf zu haben, aber unser Winterquartier in Lwow war alles andere als angenehm. Der Lagerraum muss etwa fünf Meter breit und fünfzehn Meter lang gewesen sein. Wir teilten diesen Raum mit meinem Onkel Milech und seiner Frau Rahel, aber unsere beiden Familien hatten oft Streit miteinander. Der Raum war düster und kalt. An einen Kamin kann ich mich nicht erinnern, aber wir hatten möglicherweise einen Holzofen zum Heizen und Kochen. Ich kann mich auch nicht daran erinnern, dass wir in Lwow in die Synagoge gegangen wären. Überhaupt kann ich mich an keinerlei religiöses Leben dort erinnern. Ich vermute, dass wir in diesen sechs Monaten alle ganz damit beschäftigt waren, am Leben zu bleiben.

Unser Hochgefühl bei der ersten Begegnung mit den Russen schwand schnell, als wir sahen, wie das Leben in Russland aussah. Meine Schwester und ich fingen damals gerade mit der Schule an. Der Lehrer unterrichtete in Jiddisch, aber er war Kommunist und versuchte, uns mit dem Personenkult um Stalin zu indoktrinieren. Ich erinnere mich an ein Lied, das wir lernen mussten. Es lautete etwa so: „Immer wird es Ströme geben, die auf der Erde fließen; immer wird es Sterne geben, die am Himmel funkeln, aber Stalins Name wird alles überstrahlen; sein Name ist tiefer als das Meer und höher als die Berge. Auf der ganzen Welt findet man nichts, das ihm gleichkommt." Obwohl wir noch Kinder waren, empfanden wir eine derartige Vergötterung eines politischen Führers als lächerlich. Wir stritten uns mit dem Lehrer, indem wir ihn fragten: „Wer hat denn die Welt erschaffen?" Allerdings mussten wir auch vorsichtig sein, denn wir wussten, dass Leute, die etwas gegen Stalin sagten, in die Verbannung geschickt wurden, wenn ihnen nicht noch etwas Schlimmeres geschah.

Um auf irgendeine Weise unseren Lebensunterhalt zu verdienen, trieben wir Handel auf dem Schwarzmarkt. Wenn wir die Läden beobachteten und uns lange anstellten, konnten wir manchmal Zigaretten, Süßigkeiten oder andere Luxusgüter erstehen. Sogar ich wurde manchmal geschickt, um etwas auf dem Markt zu verkaufen, besonders Süßigkeiten. Während dieser Monate wanderte ich durch die Straßen. Wenn ich nicht gerade etwas aus einem Bauchladen verkaufte, fuhr ich auf den Trittbrettern von Straßenbahnen mit und machte andere Dummheiten, die einem Zehnjährigen abenteuerlich erscheinen. Es ist ein Wunder, dass ich dabei nicht umgekommen bin.

Im Juni 1940 erließen die Russen eine Verordnung, dass Flüchtlinge und andere Nicht-Ukrainer sich bei der Polizei registrieren lassen sollten. Wir hatten die Wahl: Wenn wir bleiben wollten, würde man uns die sowjetische Staatsbürgerschaft und Hilfe bei der Ansiedlung in der

Ukraine gewähren. Wenn wir die polnische Staatsbürgerschaft behalten wollten, würde man uns helfen, in den von den Deutschen besetzten Teil Polens zurückzukehren. Nach dem, was wir von der Sowjetdiktatur gehört und erfahren hatten, war der Gedanke, unter dem Stalinismus zu leben, nicht gerade verlockend. Andererseits wussten wir auch nichts darüber, wie es in den polnischen Ghettos zuging. Allerdings gab es Gerüchte, dass das Leben unter den Deutschen nicht so schlimm sei, wie wir es uns vorgestellt hatten.

Viele Flüchtlingsfamilien diskutierten lange und heftig darüber, was sie tun sollten. Schließlich ließen sich die meisten jüdischen Flüchtlinge, darunter auch unsere Familie, für die Rückkehr ins von den Deutschen besetzte Polen registrieren. Wir freuten uns sehr darauf, nach Hause nach Rozwadów zurückzukehren.

5. Im sibirischen Exil

Nicht lange nachdem wir uns für die Rückkehr nach Polen hatten registrieren lassen, wurde in Lwow eine Ausgangssperre verhängt. Wir mussten in unserem Haus warten. Schließlich kamen ein paar Soldaten mit einem Beamten von der Geheimpolizei. Sie befahlen uns, innerhalb von zehn Minuten mitzukommen. Es war ein heißer Tag und wir luden alles, was wir noch besaßen, auf einen Lastwagen, der vor dem Haus wartete. Dann setzten wir uns mit etwa vierzig anderen auf das Gepäck und wurden zum Bahnhof gebracht.

Dort waren überall Soldaten. Irgendwie wurden wir auf wartende Güterzüge verteilt – etwa vierzig Waggons mit jeweils fünfzig oder sechzig Menschen. So ein Güterwaggon hatte eine erhöhte Plattform mit einem einfachen Loch, das wir als Toilette benutzen sollten. Vielleicht war sie durch etwas wie eine Trennwand abgeschirmt. Unser Zug war nicht der einzige. Ich sah andere und habe später gehört, dass fast 300 000 Menschen an diesem Tag abtransportiert wurden.

Als alle verladen waren, wurden die Güterwaggons abgeschlossen und der Zug setzte sich in Bewegung. Es war heiß und stickig und wir hatten nur eine schmale Öffnung, durch die wir nach draußen sehen konnten. Wir waren alle schrecklich durstig und nirgendwo gab es etwas zu trinken. In diesen Güterzügen waren wir zwei oder drei Tage eingesperrt, es dauerte aber nicht lange, bis wir merkten, dass wir nicht in Richtung Polen, sondern tiefer nach Russland hinein fuhren. Nach ein paar Tagen öffneten die uns begleitenden Wachen die Wagen von Zeit zu Zeit und ließen uns aussteigen, damit wir Wasser und etwas zu essen finden könnten. Ich denke nicht, dass Milech und Rahel mit uns im selben Waggon waren, aber wohl doch in unserem Zug, denn schließlich landeten wir alle am selben Ort. Nachdem wir etwa zwei Wochen in den Güterwaggons unterwegs gewesen waren, kamen wir schließlich in die sibirische Stadt Soswa. Dort wurde uns befohlen, aus dem Zug zu steigen, und wir wurden zu Fuß an einem Fluss entlang getrieben. Einige Kilometer weiter kamen wir schließlich an unseren Bestimmungsort. Es war eine einsam gelegene Siedlung, die aus etwa hundert in zwei Doppelreihen angeordneten Blockhütten bestand. Das sollte unsere neue Heimat werden: Lager 45.

Bei unserer Ankunft hielt uns der Lagerkommandant von einem Podium herunter eine Rede. Er sprach russisch und jemand übersetzte: „Wahrscheinlich denkt ihr, dass ihr nicht lange hier bleiben werdet. Aber ich bin seit fünfundzwanzig Jahren hier und kann euch versichern, dass seither niemand das Lager wieder verlassen hat. Also ist es besser, ihr gewöhnt euch daran. Wenn ihr das tut, werdet ihr überleben, wenn nicht, werdet ihr vor die Hunde gehen." Das war unser Empfang. Wir waren nun in der Verbannung. Damit war unser Status nur wenig über dem der Gefangenen in Sibiriens berüchtigten Arbeitslagern.

Damals waren wir enttäuscht, dass wir in die Irre geführt und nach Sibirien statt nach Polen geschickt worden waren, wie man uns versprochen hatte. Später merkten wir, dass uns das wahrscheinlich das Leben gerettet hatte. Juden, die sich entschlossen hatten, in der Sowjetunion zu bleiben, wurden in der Westukraine angesiedelt, und die meisten von ihnen wurden später ermordet, als die Deutschen einmarschierten. Diejenigen dagegen, die sich um die Rückkehr nach Polen beworben hatten, waren fern von den Nazis in der relativen Sicherheit Sibiriens. Es war eine von diesen Situationen, wo Gott unsere Torheit benutzt hatte, um uns zu beschützen.

Die Blockhütten des Lagers waren von ehemaligen Verbannten erbaut worden. Jede Hütte bestand aus zwei Räumen und jede Familie bekam einen Raum. Mein Vater begann sofort, das Beste aus der Situation zu machen. Erst einmal versuchte er, eines der besten Häuser in der Mitte des Lagers zu belegen, aber wir wurden bald daraus vertrieben und man sagte uns, es sei für privilegierte Bewohner reserviert. Also landeten wir im allerletzten Haus einer der Reihen.

Unser einziger Raum war etwa fünf Quadratmeter groß und hatte einen altmodischen russischen Holzofen in einer Ecke. Mein Vater baute eine hölzerne Plattform, auf der wir schlafen konnten, und handelte mit anderen Flüchtlingen, um Ziegel zu bekommen. Damit konnten wir den Herd umbauen, so dass wir besser kochen und heizen konnten. Als später noch ein Tisch und eine einfache Bank dazukamen, war es einigermaßen wohnlich.

Unsere nächste Sorge war, Essen und Heizmaterial für den Winter zu sammeln. Meine Mutter nahm meine jüngere Schwester und mich mit in den Wald zum Preiselbeeren-Pflücken. Es gab sehr viele und wir pflückten hunderte von Kilos. Mein Vater baute draußen in einem Schuppen eine Kiste, um die Beeren für den Winter zu trocknen und aufzubewahren. Wir arbeiteten auch schwer, einen Vorrat an Feuerholz zusammenzutragen, um den langen, harten, sibirischen Winter hindurch heizen zu können. Wegen der Voraussicht und des Einfallsreichtums meines Vaters kamen wir besser als viele andere Familien über den Winter. Manche von ihnen verhungerten oder erfroren, als der sibirische Winter kam.

Die Siedlung war von dichtem Wald umgeben, und die Hauptarbeit der Männer bestand im Schlagen von Feuerholz. Sie zersägten die Stämme, spalteten sie und schichteten das Holz auf. Beamte kamen, maßen die Holzstapel aus und berechneten die Löhne. Die Korruption kannte keine Grenzen. Ein Beamter sagte zum Beispiel: „Gib mir eine Flasche Wodka und ich sehe nicht hin, wenn du diesen Holzstapel an eine andere Stelle bringst. Ich schreibe dann auf, dass du doppelt so viel geschafft hast."

Einige Männer sägten in der Nähe unseres Hauses. Einer stand auf einer Plattform und sie zogen die Säge auf und ab. Eine Zeitlang spaltete mein Vater auch Feuerholz, aber dann fand er eine bessere Arbeit. In der Nähe unserer Hüttenreihe standen Ställe für die Pferde der Beamten und Remisen für Wagen und Schlitten. Mein Vater wurde dafür bezahlt, dass er sich um die Tiere und die Ausrüstung kümmerte. Die Beamten kamen zu jeder Tages- und Nachtzeit und trugen ihm auf, er solle ein Pferd satteln, oder sie brachten ein Pferd zurück, das gefüttert und getränkt werden musste. Das war eine viel bessere Arbeit als Holzspalten. Auf diese Weise kam es uns zugute, dass wir ein Haus am Ende einer der Reihen hatten.

Im frühen Herbst ging die Nachricht durchs Lager, dass alle Männer und alleinstehenden Frauen in einem anderen, einige Kilometer entfernten Lager in der Nähe des Flusses zur Arbeit anzutreten hatten. Mein Vater musste wegen seiner Arbeit mit den Pferden nicht gehen, aber für Leo und Lena gab es keine Wahl. Wir trauten den Russen nicht und dachten, wir würden die beiden nie wiedersehen. Aber sie kamen tatsächlich zurück, nachdem sie dort bei der Heuernte geholfen hatten.

In unserem Lager gab es einen Laden, in dem wir alles kaufen konnten, was erhältlich war. Die Löhne reichten zum Leben – jedenfalls so lange, wie es etwas zu kaufen gab. Aber als der Krieg fortschritt, wurden unsere Rationen immer wieder gekürzt, bis sie so klein wurden, dass kaum noch etwas übrig blieb. Mein Vater ließ sich aber nicht unterkriegen. Wir durften uns nur wenige Kilometer von unserem Lager entfernen, aber in der Nähe gab es ein abgelegenes Landwirtschaftskollektiv. Mein Vater wusste, wie man Handel treibt, und bald machte er mit den Bauern dort Geschäfte. Ich erinnere mich, wie ich einmal mit ihm zur Frau eines Bauern dort ging. Er hatte eine alte Schürze bei sich, die wir noch aus Rozwadów mitgebracht hatten. Ich dachte, sie sei ein wertloser Lumpen, aber mein Vater bot sie auf nette Weise an. Er pries die Schürze an und schließlich fragte die Frau, was er dafür haben wolle. Mein Vater antwortete ohne mit der Wimper zu zucken: „Fünfzig Kilo Kartoffeln, drei Liter Milch und etwas Brot." Das war mir so peinlich, dass ich den Raum verließ. Ich konnte gar nicht glauben, dass er so viel für eine alte Schürze verlangen könnte, aber ein paar Minuten später kam er mit den kostbaren Nahrungsmitteln aus dem Haus. Es war richtig anstrengend, alles zurück ins Lager zu schleppen.

Meine Mutter blieb zu Hause und sorgte für uns Kinder und für den Haushalt. Um Wasser zu holen, mussten wir mehrere hundert Meter bis zu einer Quelle laufen. Oft war ich es, dem diese Arbeit aufgetragen wurde, oft auch meine jüngere Schwester. Damals war ich elf und sie neun Jahre alt. Besonders wenn Mutter Wäsche wusch, mussten wir große

Mengen Wasser anschleppen. Wir kochten die Kleider und halfen beim Schrubben auf dem Waschbrett und beim Spülen.

Wenn ich jetzt zurückdenke, wünschte ich, ich hätte damals meiner Mutter mehr geholfen. Es gab so viel Arbeit und meine Mutter hatte entsetzliche Schmerzen von einem unbehandelten Leistenbruch. Irgendwann fing ich an, zur Schule zu gehen und Russisch lesen und schreiben zu lernen. Ironischerweise mussten die Bauernkinder fünf Kilometer durch den eisigen Wald gehen, um in unserem Lager am Unterricht teilzunehmen, denn ihr Kollektiv war zu arm, um eine eigene Schule zu haben.

Unsere ersten Monate dort waren sehr heiß gewesen. Wolken blutdurstiger Mücken hatten uns beim Beerensammeln gequält. Wir hatten aufpassen müssen, um nicht im Morast zu versinken. Aber im Winter war die Landschaft verwandelt. Von Oktober oder November an war alles hart gefroren. Arbeit und Schule liefen wie sonst, es sei denn, die Temperatur fiel unter -50°C. Wenn meine älteren Geschwister aus dem Wald zurückkamen, waren sie jedes Mal vollkommen eingeschlossen in einen Kokon gefrorener Lumpen. Sie mussten lange am Ofen sitzen, bevor sie sich auch nur ausziehen konnten. Lenas Füße waren voller Frostbeulen (noch heute leidet sie unter den Folgen), und der Vater unserer Nachbarfamilie zog sich eine Lungenentzündung zu und starb.

Als es endlich Frühling wurde, pflanzten wir Kartoffeln an. Meine Mutter und ich verrichteten die meiste Gartenarbeit: Wir gruben den Boden um und schleppten Pferdemist von den zwei- oder dreihundert Meter weit entfernten Ställen, wo mein Vater arbeitete, herbei. Wir mussten auch Wasser für den Garten holen. Die Kartoffeln wuchsen gut und am Ende des Sommers konnten wir die zehnfache Menge dessen ernten, was wir gepflanzt hatten: eineinhalb Tonnen Kartoffeln – genug für ein ganzes Jahr.

Eines Tages im Frühling 1941 kam Vater von seiner morgendlichen Arbeit zurück und meinte, er fühle sich nicht wohl. Er war irgendwie ein wenig verwirrt. Er legte sich hin und bald darauf war er bewusstlos und der Speichel rann ihm aus dem Mund. Mutter war außer sich vor lauter Sorge und wusste nicht, was sie tun sollte. Sie rief die Männer, die in der Nähe unseres Hauses Holz sägten, und sie holten Hilfe. Eine der Flüchtlingsfrauen war Ärztin und sie half dem offiziellen russischen „Arzt", der wahrscheinlich irgendwelche medizinischen Grundkenntnisse hatte, aber mit Sicherheit kein wirklicher Arzt war. Jedenfalls kam die Flüchtlings-Ärztin und stach Vater mit Nadeln in die Füße, aber er reagierte nicht. Sie bestätigte uns, dass er einen Schlaganfall gehabt hatte. Es war unsicher, ob er sich davon würde erholen können – eine schreckliche Situation für unsere Mutter!

Leo und Lena arbeiteten in einem anderen, ziemlich weit entfernten Lager. Also ging ein Mann zu ihnen, um ihnen zu sagen, was geschehen war. Er fand meine Schwester und sagte ihr, dass es unserem Vater nicht gut gehe. Zuerst verstand sie den Ernst der Lage nicht, deshalb sagte er ganz direkt: „Sieh mal, es kann sein, dass dein Vater stirbt." Sie also ging schnell los, um Leo zu suchen, und beide machten sich heimlich davon und rannten den ganzen Weg bis zu unserem Haus – eine Entfernung von zehn oder zwölf Kilometern. Das war natürlich gefährlich für sie: Weil sie ohne Erlaubnis ihre Arbeit verließen, riskierten sie, in ein Zwangsarbeitslager geschickt zu werden.

Gegen Mitternacht kamen sie zu Hause an. Während dieser ganzen Zeit hatte mein Vater kein Zeichen von Bewusstsein von sich gegeben, aber kurz bevor sie kamen, fing er an, sich zu bewegen. Was für eine Erleichterung, als sie hereinstürmten und Vater noch am Leben fanden! Dieses Erlebnis stärkte unser Gefühl von Zusammengehörigkeit und Einheit als Familie. Es brachte uns auch den beiden Männern näher, die neben unserer Hütte Holz sägten. Sie waren beide gebildet, der eine war Ingenieur, denke ich. Auch sie hatten ein ziemlich großes Risiko auf sich genommen, als sie ihre Arbeit hatten liegen lassen, um meine Geschwister zu benachrichtigen. Zum Glück wurde am Ende niemand bestraft. (Als meine Geschwister am nächsten Tag zu ihrer Arbeit zurückkehrten, erfuhren sie, dass der Vorarbeiter wusste, was geschehen war. Er hatte ein Auge zugedrückt und Leos und Lenas Arbeitskollegen waren für sie eingesprungen.)

Vater schlief den ganzen Tag, immer noch lief ihm Speichel aus dem Mund. Schließlich wachte er auf, sah um sich und erkannte uns. Er war fast vierundzwanzig Stunden bewusstlos gewesen. Eine Gesichtshälfte war vielleicht eine Zeit lang gelähmt – ich erinnere mich nicht mehr so genau –, aber sehr bald konnte er wieder alleine stehen.

Er war eindeutig schwächer als zuvor, aber nicht ernstlich behindert. Es gab keine Medikamente gegen Bluthochdruck, deshalb wachte Mutter mit Argusaugen über ihm, damit er sich nicht zu sehr aufregte.

Am Ende unseres zweiten Sommers in Sibirien hörten wir, dass die Deutschen in Russland einmarschiert waren. Zuerst machten wir uns Sorgen darüber, was das für uns bedeuten würde, aber tatsächlich brachte es uns unerwartet Erleichterung. Stalin war gezwungen, sich an die Alliierten um Hilfe zu wenden, und die polnische Regierung im Exil nutzte diese Gelegenheit, um die Freilassung der polnischen Flüchtlinge zu fordern, die in Sibirien festgehalten wurden.

Plötzlich hörten wir, wir seien frei und könnten gehen, wohin wir wollten. Natürlich steckten wir noch im hintersten Sibirien und unsere polnische Heimat war noch unter deutscher Besatzung.

Meinem Vater gelang es, in dem etwa zwölf Kilometer von unserem Lager entfernten Städtchen Soswa ein Zimmer für uns zu mieten. Diese Stadt hatte einen Bahnhof, ein Postamt und eine Sägemühle, in der Leo und Lena Arbeit fanden. Wir hatten noch unseren Jahresvorrat Kartoffeln, deshalb mussten wir oft hin und hergehen, um alles nach Soswa zu tragen.

Wir wollten aus Sibirien heraus und weg von der vorrückenden deutschen Armee. Also sahen wir uns eine Landkarte an und wählten Usbekistan im Süden. Dorthin wollten wir gehen. Wir dachten, wenn die Deutschen ganz Russland einnehmen würden, könnten wir durch Afghanistan fliehen und schließlich nach Palästina kommen. Wir beschlossen, Kartoffeln zu essen und unsere Brotrationen aufzusparen, denn es würde leichter sein, mit Brot als mit Kartoffeln zu reisen.

Unser Brot für die Reise trockneten wir in der heißen Sonne und lebten in der Zwischenzeit von Kartoffeln mit Preiselbeersauce. Wir hatten keinen Zucker, deshalb schmeckten die Preiselbeeren sehr bitter. Wir hatten auch kein Fleisch, nur Kartoffeln – morgens, mittags und abends. Einige Wochen lang aßen wir nur Kartoffeln. (Trotzdem mag ich Kartoffeln auch heute noch!)

Schließlich konnten wir uns mit einigen anderen Familien zusammentun und einen Güterwaggon mieten. Im November 1941 waren wir so weit, dass wir uns auf die lange Reise nach Süden machen konnten.

6. Samarkand:
Hunger und Krankheit

Viele verschiedene Züge brachten unseren Güterwaggon auf verschlungenen Wegen von Sibirien
nach Usbekistan. Auf unserem Weg in den Süden
kamen uns Züge voller junger Soldaten entgegen – in
Richtung Front. Natürlich hatten die Militärtransporte
immer Vorrang, deshalb mussten wir oft tagelang an dem
einen oder anderen Bahnhof stehenbleiben. Wir nutzten
diese Aufenthalte, um Essen für die Zeit des Wartens und
Proviant für die Reise aufzutreiben.

Wir wussten nie, wann der Zug sich wieder in Bewegung setzen würde. Einmal kamen Leo und Lena gerade
von ihren Besorgungen zurück, als der Zug plötzlich los-
fuhr. Leo sprang auf einen Waggon in unserer Nähe, aber
selbst mit größter Anstrengung schaffte Lena es nur noch,
den letzten Waggon zu erreichen. Ein russischer Wach-
mann dachte, sie wolle billig mitreisen und versuchte, sie
vom Zug herunterzustoßen. Es gelang ihr aber, auf dem
Waggon zu bleiben und die Wache bis zum nächsten Bahnhof in ein Streitgespräch zu verwickeln, dort sprang sie ab
und fand uns wieder. Wir hörten von noch schlimmeren
Zwischenfällen, bei denen Familien für immer getrennt
wurden.

Zuerst versuchten wir, in Taschkent, der Hauptstadt
von Usbekistan, Zuflucht zu finden, aber die Stadt war
vollkommen überfüllt. Ein paar Tage darauf fuhren wir
weiter in südlicher Richtung nach Samarkand. Hier war

die Situation genauso schlimm. Hunderttausende flohen vor dem Ansturm der Deutschen. Viele waren Juden, aber es gab auch zahlreiche andere Flüchtlinge. Vater gelang es schließlich, von einem bucharischen Juden[4] ein Zimmer zu mieten. Es war klein, vielleicht zwei mal drei Meter. Nachts gelang es uns sechs gerade so, uns auf dem gestampften Lehmboden auszustrecken, wir lagen da wie Sardinen in einer Dose.

Wir teilten uns einen Hof und die Außentoiletten mit den bucharischen Juden, die auf dem Gelände wohnten. Ihre Sprache und Sitten waren uns fremd. Sogar ihre Synagoge war anders als das, was wir von Osteuropa her kannten. Später hörte ich einige Flüchtlinge schlecht von ihnen sprechen. Es stimmt, dass einige die Not von uns Flüchtlingen ausnutzten, aber im Großen und Ganzen – sowohl bei unserer Familie als auch bei anderen – waren sie gastfreundlicher, als man unter diesen Umständen erwartet hätte. Die meisten von ihnen waren selbst arm und müssen unter der Last gelitten haben, die die Über-füllung auch für sie mit sich brachte.

In allen diesen Monaten in Samarkand litten wir immer an Hunger. Nie zuvor hatte ich einen so verzweifelten Hunger erlebt. Wenn man irgendetwas bekommen wollte, musste man sich in lange Schlangen stellen, manchmal die Nacht hindurch. Menschenmassen warteten und drängten vorwärts, um winzige Brotrationen zu bekommen. Die Menschen waren verrückt vor Hunger – sie waren so ver-zweifelt, dass sie oft die angriffen, die ihre Rationen schon bekommen hatten, das Brot packten und sich wie hungrige

---

4 Ein gebräuchlicher Ausdruck für eine Gruppe von Juden in Mittelasien, beson-ders in der Region des heutigen Usbekistan.

Wölfe darauf stürzten. Einmal wurde ich von einer Jungenbande angegriffen, die mir unser Brot wegnahmen, das ich gerade nach Hause tragen wollte.

Gelegentlich machten Gerüchte die Runde, dass ein bestimmter Laden irgendeine Lieferung erwarte. Dann strömten die Menschen vor dem Geschäft zusammen und warteten stundenlang, oft die ganze Nacht hindurch. Es war von der Polizei verboten, sich nach Eintritt der Dunkelheit im Freien zu versammeln, und die Polizisten trieben die Menge dann mit Stöcken brutal auseinander. Aber sobald sie verschwunden waren, kamen die Menschen wieder. Dieser Vorgang konnte sich in einer Nacht zwei- oder dreimal wiederholen. Wenn der Laden endlich öffnete, drängten Menschenmassen hinein. Ich war klein und wurde ziemlich gut darin, mich ganz nach vorne durchzuschlängeln. Manchmal versuchte ich, ein bisschen zusätzliches Essen zu kaufen, manchmal hatte ich den Auftrag, Schnaps oder andere Luxusgüter zu besorgen, die wir auf dem Schwarzen Markt wieder verkaufen konnten.

Irgendwie schafften wir es, genug Essen zum Überleben zu bekommen. Viele andere Flüchtlinge verhungerten oder starben an der Typhusepidemie, die durch die überfüllten Stadtviertel ging. Jeden Tag fuhren Lastwagen durch die Straßen und sammelten die Toten ein. Leo war der erste in unserer Familie, der Typhus bekam. Er war immer gesund gewesen, aber nun hatte er plötzlich hohes Fieber und halluzinierte. Mutter versorgte ihn. Ich erinnere mich, wie sie weinte. Für viel Geld gelang es uns, einen Arzt zu bekommen. Wir versuchten verzweifelt, Leo aus den überfüllten Krankenhäusern herauszuhalten, in denen die Behörden die Typhuskranken isolierten, denn dort ließ man die Patienten meist nur sterben.

Dann bekam Mutter die Krankheit, wahrscheinlich hatte sie sich bei Leo angesteckt. Wir waren entschlossen, sie nicht ins Krankenhaus bringen zu lassen, und waren bereit, alles zu verkaufen, um einen Arzt und Medikamente zu bezahlen. Wir hielten sogar an der Tür Wache für den Fall, dass Gesundheitspolizei auftauchen sollte. Wenn sie kam, schlossen wir die Tür ab und taten so, als sei niemand zu Hause. Aber Mutters Zustand verschlechterte sich immer mehr. Sie machte sich mehr Sorgen um uns als um sich selbst. Manchmal rief sie laut: „Was soll nur aus meinen Kindern und meinem Mann werden?" In der Nacht, als sie starb, waren wir alle um ihr Bett versammelt. Es war der zweite Tag von *Pessach*[5] – Leos Geburtstag.

Mutters Tod veränderte mein Leben für immer. Ihre stille, liebende Fürsorge hatte unsere Familie durch alle Schwierigkeiten hindurch zusammengehalten. Sie hatte sich wirklich für uns aufgeopfert. Oft hatte sie auf ihre Essensration verzichtet, damit ich mehr haben konnte. Sie hätte oft mehr Hilfe und Unterstützung gebraucht, als ich ihr gegeben habe. Wie sehr habe ich seither gewünscht, diese Tage noch einmal leben zu dürfen, damit ich für sie tun könnte, was sie für uns getan hat! Aber wir konnten ihr nur noch einen letzten Dienst erweisen. Gemeinsam gingen wir auf den jüdischen Friedhof, um sie dort zu begraben. Mein Vater meißelte ihren Namen in den Grabstein.

Als Halbwaisen konnten Judith und ich nun in das polnische Waisenhaus gehen. Vater dachte, wir würden dort besser versorgt, also gingen wir. Zwar waren wir der Nationalität nach Polen und konnten die Sprache, aber

---

5 *Pessach* gehört zu den wichtigsten Festen des Judentums und erinnert an den Auszug der Israeliten aus Ägypten.

wir fühlten uns dort doch nie richtig zu Hause. Das Waisenhaus wurde von Katholiken betrieben und ihre Gebete erinnerten uns immer an die Pogrome im jüdischen Viertel von Rozwadów. Wir dachten auch, dass sie Statuen anbeteten – in unseren Augen waren es Götzenbilder –, deshalb wahrten wir vorsichtig Abstand.

Unser Lebensstandard war im Waisenhaus eindeutig höher als zu Hause. Wir hatten saubere Kleidung und es gab mehr zu essen. Aber mir ging es dort nicht gut. Nachdem ich die ersten Tage alles heruntergeschlungen hatte, was man mir vorsetzte, verlor ich langsam meinen Appetit und fing an, mich krank zu fühlen. Ich stumpfte emotional ab und konzentrierte mich nur noch aufs Überleben. Im Waisenhaus muss ich dreizehn geworden sein, aber ich denke nicht, dass ich das damals überhaupt bemerkt habe. In all dem inneren und äußeren Chaos dachte niemand an meine *Bar Mitzwa*[6].

---

6 *Bar Mitzwa* bezeichnet im Judentum die religiöse Mündigkeit im Alter von zwölf bzw. dreizehn Jahren, die feierlich begangen wird.

Teheran-Kinder

7. Die Teheran-Kinder

Im August 1942 bemühte sich die polnische Exilregierung um die Rückführung der polnischen Waisen aus Russland. Viele von ihnen waren bereits verhungert und an Epidemien gestorben und die übrigen kämpften ums Überleben. Von den etwa 10 000 polnischen Flüchtlingskindern waren ungefähr 800 bis 1000 jüdisch. Im Waisenhaus hörten wir von dieser Chance zu entkommen, und wir diskutierten untereinander, was wir tun sollten. Es war keine leichte Entscheidung, denn es bedeutete, dass ich vielleicht niemanden aus meiner Familie jemals wiedersehen würde. Später machte ich mir Vorwürfe, dass ich meinen Vater im Stich gelassen hatte.

Wir wurden mit Zügen nach Krasnowodsk gebracht, einer Stadt in Turkmenistan am Kaspischen Meer. Dort wurden wir auf Schiffe verladen. Es müssen etwa 10 000 Menschen auf diesem Schiff gewesen sein; wir wurden hineingepfercht, als wären wir Frachtgut. Es gab weder Kabinen noch irgendetwas Vergleichbares. Wir lagen auf oder unter dem Deck. Ich weiß nicht, wie lange wir auf dem Schiff waren – vielleicht waren es sechsunddreißig Stunden. Schließlich erreichten wir den Hafen von Pahlavi in Persien (dem heutigen Iran). Es war Sommer und wir kampierten auf dem sandigen Strand.

Zum ersten Mal seit vielen Monaten bekamen wir ordentliches Essen: meist Corned Beef und Kondensmilch aus Amerika. Aber ich war noch krank und hatte überhaupt keinen Appetit. Bald kam die *Jewish Agency* ins

Lager, um nach jüdischen Kindern zu suchen. Sie wollten so viele wie möglich in Teheran und der Region finden und sie dann nach Palästina bringen. Die Alliierten schickten dauernd Vorräte über Teheran und das Kaspische Meer nach Russland, deshalb fuhren ständig leere Lastwagen von Pahlavi nach Teheran zurück.

Auf diese Lastwagen wurden wir verladen, immer zehn bis fünfzehn Kinder auf einen. Die Straßen waren tückisch: sehr steil und kaum Stellen, wo Fahrzeuge aneinander vorbei konnten. Überall waren Autowracks. Als unser Lastwagen diese Bergstraßen entlangschlingerte, wurde mir immer übler. Ich konnte nicht aufhören, mich zu übergeben, und mein Magen tat schrecklich weh. Ich schrie vor Schmerzen. Schließlich fühlte ich mich so elend, dass ich versuchte, mich vom Wagen zu stürzen. Glücklicherweise wurde ich daran gehindert.

Es muss länger als einen Tag gedauert haben, ehe wir in Teheran ankamen, denn wir übernachteten irgendwo auf dem Weg. In der Nähe von Teheran hatte ein polnisches Militärlager eine Abteilung für jüdische Waisen eingerichtet. Wir wurden nach Alter und Geschlecht in Gruppen eingeteilt, und so wohnte ich mit etwa vierzig oder fünfzig etwa gleichaltrigen Jungen zusammen in einem großen Zelt. Wir schliefen auf Matten. In der Mitte dieses jüdischen Lagers gab es einen Gemischtwarenladen und eine Küche, in der das Essen zubereitet wurde.

Ständig litt ich unter Durchfall und hatte keinen Appetit. Ich wog weniger als dreißig Kilo und war sehr schwach. Ich war nur noch Haut und Knochen. Ich sah so jämmerlich aus, dass die *Jewish Agency* mich zu wohlhabenden Leuten in Teheran mitnahm, um Mitleid zu wecken und Spenden zu sammeln.

Ansonsten strich ich lustlos im Lager umher oder saß bei meiner Schwester Judith und klagte ihr mein Leid. Ich fing an, mich schuldig zu fühlen, weil ich meine Mutter schlecht behandelt und meinen Vater verlassen hatte. Ich hatte Albträume und wäre am liebsten gestorben. Aber Judith versuchte treu, mich zu trösten und mir Mut zuzusprechen. Sie war jünger als ich, erst elf und ich war dreizehn, aber ich weiß nicht, wie ich ohne sie überlebt hätte. Ich werde ihr immer zutiefst dafür dankbar sein, wie sie mir beigestanden hat.

Die *Jewish Agency* versuchte, eine gewisse Ordnung in unser Leben zu bringen, uns kulturelle Aktivitäten zu bieten und uns wenigstens irgendetwas beizubringen. Für jeweils fünfzig Kinder gab es eine Gruppe von Betreuern, dazu das Personal, das für den Lagerbetrieb zuständig war. Nicht alle dieser Erwachsenen waren aus Palästina, einige waren ebenfalls Flüchtlinge, denen es irgendwie gelungen war, aus Russland herauszukommen, und die nun die *Jewish Agency* bei ihrem Versuch unterstützten, uns bei der Ausreise zu helfen.

Während dieser Zeit hatten wir keine Schule, aber unsere Betreuer brachten uns Lieder bei, wenn wir am Abend ums Feuer saßen. An einige der Lieder erinnere ich mich noch heute, zum Beispiel: *Arim dem Fajer*.

Zu den Betreuern gehörte auch ein Mann aus Rozwadów. Er erkannte mich wieder, und als er sah, in welchem Zustand ich war, brachte er mich zu Zippora Schertok, der Frau des Mannes, der später Ministerpräsident in Israel wurde. Damals war sie für das jüdische Waisenhaus in Teheran zuständig. Der Mann aus Rozwadów zeigte ihr, wie sich die Haut auf der Rückseite meiner Beine abschälte und sprach mit ihr in Hebräisch. Ich konnte dem

Gespräch nicht folgen, erst hinterher sagte man mir, ich hätte Pellagra, eine Hautkrankheit, die durch Eiweißmangel verursacht werde. Von da an durfte ich gemeinsam mit einem anderen geschwächten Jungen in den Laden des Lagers gehen und mir alles nehmen, was ich wollte. Wir durften auch aus der Soldatenkantine alles bestellen, was wir essen wollten. Ich bestellte immer Hamburger und Kartoffeln, und schon bald nahm ich zu.

Nicht lange darauf wurde ich allerdings wieder krank und man lieferte mich ins Krankenhaus ein. Sie vermuteten, ich hätte Krätze, denn die verbreitete sich gerade im Lager. Also wurde ich auf die Isolierstation geschickt. Während ich dort war, kam die Nachricht, dass wir alle nach Palästina ausreisen würden. Ich hatte große Angst, dass sie mich zurücklassen würden, und bettelte darum, entlassen zu werden. Nur einen oder zwei Tage, ehe die Gruppe abfuhr, kam ich aus dem Krankenhaus.

Im August 1942 waren wir in Teheran angekommen und dort sechs Monate geblieben. Jetzt sollte es nach Palästina gehen! Der schnellste Weg wäre über Land durch den Irak gewesen, aber da uns die dortige Regierung die Durchreise nicht gestattete, mussten wir einen Umweg machen. Zuerst fuhren wir mit dem Zug zu einem Hafen am Arabischen Meer. Dann gingen wir an Bord eines Truppentransporters, der nach Karatschi in Indien (heute Pakistan) fahren sollte. Wir fuhren in einem Konvoi von fünfzehn bis zwanzig Schiffen und waren immer in Alarmbereitschaft. Das Jahr 1942 neigte sich dem Ende zu und es gab heftige Kämpfe mit den Japanern. Manchmal flogen Flugzeuge genau über unser Schiff hinweg, es war furchterregend!

Wir schliefen in Hängematten, überall waren Kinder. Ich erinnere mich, dass ich zum ersten Mal Orangenmarmelade aß und von den britischen Soldaten englische Lieder lernte. Jahre danach, als ich in England lebte, versuchte ich *My bonnie is over the ocean* zu singen. Meine Gastgeber hatten großes Vergnügen daran, denn ich brachte alle Wörter durcheinander. Die Laute hatten für mich damals ja keine Bedeutung gehabt. Jedenfalls war das meine erste Begegnung mit der englischen Sprache.

Ich erinnere mich nicht an allzu viel in Karatschi, außer der schwülen Hitze. Wir wohnten in einem Lager in einem Randgebiet der Stadt und lernten zweifellos noch mehr Lieder und Tänze von unseren Betreuern. Inzwischen hatte ich wieder Appetit, aber alles war rationiert und ich war immer hungrig. Nach drei oder vier Wochen stachen wir wieder in See und fuhren an Aden vorüber und dann durchs Rote Meer. Schließlich landeten wir in Suez. Von dort aus fuhren wir mit dem Zug nach Palästina.

Teheran-Kinder kommen in Palästina an

8. Palästina

Im Februar 1943 kam ich in Palästina an. Das ganze Land schien uns zu erwarten, und wir wurden mit offenen Armen empfangen. Auf jedem Bahnhof, durch den unser Zug fuhr, wurden wir von Kindern und Erwachsenen mit Blumen in den Händen begrüßt. Man nannte uns die „Kinder von Teheran" und hieß uns herzlich willkommen.

Der Zug aus Suez brachte uns zu dem Aufnahmelager *Atlit*, etwa zwanzig Kilometer südlich von Haifa. Die meisten von uns waren ein Leben als Straßenkinder gewohnt. Selbst während der Reise hatten einige Kinder gestohlen und anderen Unsinn getrieben. Wir waren ein ziemlich wilder Haufen – und eine ganz schöne Herausforderung für unsere Betreuer. Aber sie erwiesen uns viel Liebe und allmählich gewannen sie unser Vertrauen. Im Nachhinein wurde ihnen wahrscheinlich klar, dass sie ein bisschen zu naiv gewesen waren. Sie betrachteten uns als „arme Kinder" und bestanden nicht auf der Disziplin, die wohl notwendig gewesen wäre. Sobald etwas zu essen auf den Tisch gestellt wurde, schnappten sich die Kinder, so viel sie konnten. Was nicht gleich verschlungen wurde, versteckten sie, um es später zu essen oder als Tauschware zu verwenden. Als man Kleidung ausgab, gingen einige Kinder, sobald die austeilende Person sich umdrehte, noch einmal zur Ausgabe und behaupteten, sie hätten noch nichts bekommen. Meine lebhafteste Erinnerung an *Atlit* ist ein riesiger Haufen Orangen. Keiner von uns konnte glauben, dass wir so viele Orangen essen dürften, wie wir wollten. Wir aßen so viele, dass wir uns fast übergeben mussten.

Mein Traum hatte sich erfüllt: Ich war tatsächlich in *Eretz Israel*[7]! Es war eine riesige Erleichterung, dass wir nun vollkommen in Sicherheit waren, aber wir machten uns auch Sorgen um unsere Lieben – besonders um unsere direkten Familien. Damals dachten wir nicht viel über die größeren politischen Themen nach. Wie die meisten der Kinder verbrachte ich die ersten ein bis zwei Jahre damit, meine Kriegerlebnisse zu verarbeiten. Ich hatte Albträume und wachte nachts oft schreiend auf. Ich war ziemlich nervös und neigte zu Wutausbrüchen. Den anderen Kindern ging es auch nicht anders.

Die Kinder waren zwischen einem und fünfzehn Jahren alt, deshalb war es schwierig, uns zu ordnen. Zuerst versuchte man, die verschiedenen gesundheitlichen Probleme zu erkennen, unter denen wir litten: Läuse, Krätze, Unterernährung usw. Wir wurden an verschiedene Orte zur Erholung geschickt. Judith und ich kamen nach Jerusalem und wohnten in einem Mädcheninternat namens *Beit Tseerot Mizrachi*. Die Internatsmädchen waren ausgezogen und verbrachten sechs bis acht Wochen in einem nahegelegenen Kibbuz, damit für uns Platz war. Dort wurden wir mit neuer Kleidung und Essen versorgt. Sie machten auch Busausflüge mit uns. Wir besuchten einen Kibbuz und verschiedene Stätten in Jerusalem und in ganz Israel.

---

7   *Eretz Israel* ist eine biblische Bezeichnung für den Staat der Juden bzw. Hebräer.

Henrietta Szold (links, mit Hut) begrüßt jüdische Flüchtlingskinder aus Polen bei ihrer Ankunft in Palästina im Februar 1943

Nachdem wir uns etwa zwei Monate lang erholt hatten, entschied man, wohin wir alle gehen sollten. Die Leiterin der *Kinder- und Jugend-Alijah*, eine berühmte amerikanische Jüdin namens Henrietta Szold, beaufsichtigte diesen Vorgang.[8] Sie war schon älter und unser Wohlergehen lag ihr sehr am Herzen. Sie legte Wert darauf, mit jedem Einzelnen von uns zu sprechen. Sie fragte uns nach dem Milieu, aus dem unsere Eltern kamen, und was wir glaubten, dass sie sich für uns gewünscht hätten.

Judith und ich wurden gefragt, ob unsere Eltern religiös gewesen seien, und wir sagten ja. Deswegen wurden wir in eine genossenschaftliche Siedlung mit Namen *Moschaw Sde Ja'akov* geschickt. Das war ein modernes orthodox-zionistisches Dorf. Die Menschen dort waren religiös, allerdings nicht wie die chassidischen Juden mit Bärten und Schläfenlocken. Die meisten rasierten sich. Es waren leidenschaftliche, sehr engagierte Zionisten. Dort ging ich zur Schule und lernte, Hebräisch zu sprechen, was neu für mich war, denn ich hatte in Polen zwar Hebräisch lesen gelernt, wusste aber nicht, wie man es spricht.

In diesem Abschnitt meines Lebens war Jakob Finkelstein mein bester Freund. Er war ungefähr ein Jahr älter als ich. Wir hatten uns zuerst während der Schiffsreise nach Karatschi beim Schachspielen kennengelernt. Irgendwie fingen wir an, uns zu prügeln, und am Ende hatte ich eine blutige Nase. Trotzdem war es der Anfang einer Freundschaft, die viele Jahre lang bestand. Wir verbrachten Stunden damit, miteinander zu reden, und wir traten auch füreinander ein – allerdings denke ich, dass es in den ersten Monaten hauptsächlich Jakob war, der für mich als Beschützer auftrat. Jakob hatte auch

---

8 Die *Kinder- und Jugend-Alijah* ist eine 1933 von Recha Freier, der Frau eines Berliner Rabbis, gegründete Organisation. Sie rettete Tausende jüdischer Kinder vor den Nazis und siedelte sie in Palästina an, meist in Kibbuzim und Jugenddörfern.

60

eine Schwester. Sie hieß Zahawa und war Judiths beste Freundin. Jakob war mit allen Wassern gewaschen und viel gewiefter als ich. Er wusste, wie er aus jeder Situation das Beste für sich herausholen konnte. Interessant war, wie er einerseits auf gerissene, fast zynische Weise andere ausnutzen konnte, aber mir andererseits ein sehr treuer Freund war.

Im Internat in Jerusalem entdeckte Jakob, dass es dort ein Telefon gab: etwas, das uns Kindern praktisch unbekannt war. Er wollte es einfach ausprobieren und sehen, wie es funktioniert. Also suchte er sich nur so zum Spaß Adressen und Telefonnummern religiöser Organisationen in der Gegend heraus, rief sie an und sagte ihnen, „Wir werden hier einer Gehirnwäsche unterzogen. Man zwingt uns, unseren Glauben aufzugeben. Bitte helfen Sie uns!" Solche Streiche spielten wir damals.

Jakob und seine Schwester Zahawa wurden gemeinsam mit Judith und mir *Moschaw Sde Ja'akov* zugewiesen. Ich war immer noch sehr reizbar und hatte noch nicht richtig Fuß gefasst, deshalb hatte ich ziemlich viele Probleme. Zuerst war ich in einer Familie, wo ich mit der Mutter nicht zurechtkam. Also kam ich in eine andere Familie, aber dort hatte ich einen Zusammenstoß mit einem Landarbeiter. Er war derjenige, der die Landwirtschaft faktisch unter sich hatte, weil der Sohn der Familie in den Jüdischen Brigaden kämpfte. Dieser Mann war um die Vierzig, ein Flüchtling aus Ungarn. Er war groß und stark, ein guter Bauer – und sehr fromm.

In der Zeit vor Neujahr, die *Slichot* genannt wird, stehen praktizierende Juden am frühen Morgen auf, um Zeit im Gebet zu verbringen. Sie suchen Gottes Vergebung für die Dinge, die sie im vorangegangenen Jahr falsch gemacht haben. Dieser Landarbeiter wollte mich dazu zwingen, sehr früh aufzustehen – um drei oder vier Uhr morgens – und mit ihm zur Synagoge zu gehen. Am ersten Tag weigerte ich mich aufzustehen. Am nächsten Tag übergoss er mich mit kaltem Wasser, um mich zu wecken, aber ich weigerte mich immer noch. Als wir an diesem Abend zum Abendessen um den Tisch saßen, sagte er: „Nun, Josef, wenn du morgen wieder nicht aufstehst, werde ich dasselbe noch einmal machen." Ich bekam einen Wutanfall, griff nach einem Messer und warf es nach ihm. Ich war vollkommen außer mir. Dann warf ich mich auf den Boden und machte eine schreckliche Szene. Ich schrie: „Du bist nicht mein Vater! Du hast kein Recht, mir Vorschriften zu machen!" Die anderen hatten wirklich Angst. Ich beruhigte mich schließlich, aber seit diesem Vorfall redete er nicht mehr mit mir. Ich arbeitete weiter auf dem Hof, aber er ignorierte mich.

Warum begann ich, gegen die jüdische Religion zu rebellieren? Ich denke, dass mein Bild von einem strengen Gott, der dazu da ist, uns zu strafen, viel dazu beitrug. Ich fühlte mich auch schuldig am Tod meiner Mutter und weil ich meinen Vater in der Sowjetunion zurückgelassen hatte. Außerdem hatte ich Angst.

Es stellte sich heraus, dass viele Kinder in dieser genossenschaftlichen Siedlung unglücklich waren. Nach acht Monaten stellten wir eine Delegation zusammen und schickten sie nach Jerusalem. Sie überbrachte einen Bericht, in dem wir unsere Beschwerden aufzählten. Die *Jewish Agency* reagierte, indem sie die Älteren wegschickte und die Jüngeren dort ließ. Jakob und ich gingen mit anderen Älteren (meist Vierzehn- oder Fünfzehnjährigen) in die Landwirtschaftsschule *Mikwe Israel*. Judith und Zahawa blieben in *Moschaw Sde Ja'akov*, wo sie insgesamt ungefähr drei Jahre verbrachten.

Josef und Jakob in der Landwirtschaftsschule „Mikwe Israel"

9. In der
Landwirtschaftsschule

E s heißt, dass *Mikwe Israel* die älteste zionistische
Siedlung in Palästina ist, obwohl auch vorher schon
einige Juden unter den Arabern lebten. Charles
Netter, ein jüdischer Philanthrop aus Frankreich, gründete
die Schule im Jahr 1870, um junge Leute in der Landwirtschaft auszubilden. Später wurde die Siedlung die renom-
mierteste Landwirtschaftsschule im gesamten Nahen
Osten. Neben dem Unterrichten der Schüler umfasste
die ausgedehnte Farm alle Gebiete der Landwirtschaft:
ein Milchbauernhof mit sechzig bis achtzig Milchkühen,
Schafe und eine Obstplantage mit vielen verschiedenen
Bäumen. Es gab sogar einen botanischen Garten mit vielen
seltenen Pflanzen.

Die Schule bestand aus zwei Abteilungen: einer religiösen, die zumeist aus Immigranten wie uns bestand, und
einer säkularen, die sich größtenteils aus Schülern aus den
Kibbuzim und genossenschaftlichen Siedlungen zusam-
mensetzte. Die säkularen Juden machten zu der Zeit die
Mehrheit der jüdischen Bevölkerung in Israel aus. Die beiden Gruppen lebten getrennt und wurden auch getrennt
unterrichtet, obwohl es offiziell eine einzige Schule war.

Die „Teheran-Kinder" wurden als eine eigene Gruppe
innerhalb des religiösen Teils zusammengehalten. Wir
wurden für einen zweijährigen Kurs eingeschrieben. Im
ersten Jahr bekam jeder Schüler einen allgemeinen Ein-
blick in die verschiedenen Sparten der Landwirtschaft. Im

zweiten Jahr spezialisierten wir uns für sechs Monate auf einem Gebiet und wählten dann für weitere drei Monate eine zweite Sparte.

Unsere Lehrer waren zugleich unsere Mentoren und versuchten, uns auch persönlich weiterzuhelfen. Die meisten von ihnen waren moderne orthodoxe Juden aus religiösen Kibbuzim. Ich machte ihnen das Leben schwer – ich war unruhig und störte oft den Unterricht. Ich rang damals mit vielen Fragen, auch über den Glauben. Einerseits rebellierte ich gegen die bedrückende Vorstellung eines strengen Gottes und gleichzeitig dachte ich mehr über den Holocaust nach – und fragte, warum und wie Gott etwas so Schreckliches hatte zulassen können.

Einige der Kinder waren praktisch direkt aus dem berüchtigten Konzentrationslager Buchenwald zu uns gekommen und erzählten, was dort geschehen war. Sie waren etwa so alt wie wir, vielleicht sogar ein bisschen jünger, aber sie sahen aus, sprachen und handelten, als wären sie Greise. Wir alle wurden durch diese Begegnung aufgerüttelt.

Anfang 1944, etwa im April, ging unsere ganze Klasse aus *Mikwe* in den Kibbuz *Tirat Tzwi*, einen religiösen Kibbuz im Beit Sha'an-Tal. Der Kibbuz hatte ein Arbeitscamp: Wir lebten in Zelten und blieben dort etwa zwei Monate. Eines Tages stand ich Schlange, um Essen zu bekommen, und sprach mit einem Jungen, der ein paar Jahre älter war als ich, vielleicht achtzehn oder zwanzig. Als ich ihm erzählte, dass ich aus Frankfurt komme und Nacht heiße, sagte er, er kenne meine Familie. Ich fragte ihn nach seinem Namen, und als er ihn mir nannte, sagte ich sofort: „Ich erinnere mich an euch, ihr hattet einen Süßwarenladen! Das war gleich um die Ecke von dort, wo wir wohnten."

Er sagte: „Genau so war es!" Das war erstaunlich, weil ich nicht älter als vier gewesen sein konnte, als wir Frankfurt verließen.

Dieses Arbeitscamp vermittelte mir einen ersten Geschmack davon, wie das Leben in einem Kibbuz aussieht, aber damals machte mir das keinen großen Eindruck. Ich versuchte immer noch, meine Kriegserlebnisse und meine Erinnerungen an Russland und den Iran zu verarbeiten. Wenn wir Leuten erzählten, was wir in Russland durchgemacht hatten, glaubten sie uns einfach nicht – sie wollten uns nicht glauben. In der Tat gab es eine aus fehlenden und falschen Informationen stammende, tiefe Sympathie für die Sowjets, weil sie gegen Hitler kämpften. Viele Leute hatten eine idealisierte Vorstellung von dem, was in Russland, dem Land der Sozialisten, vor sich gehe.

Als wir nach *Mikwe* zurückkamen, gründeten einige der Schüler dort eine *Hachschara* (Gruppe) mit der Absicht, einen neuen Kibbuz zu gründen. Schließlich traten sie in den Kibbuz *Kfar Etzion* südlich von Jerusalem ein. (Im israelischen Unabhängigkeitskrieg überrannten jordanische Legionen den Kibbuz und viele von ihnen wurden gefangengenommen und getötet.) Einige meiner Klassenkameraden gehörten zu dieser Gruppe, ich aber war dagegen. Ich konnte ihre Frömmigkeit nicht akzeptieren, ich war einfach zu rebellisch.

Ungefähr in dieser Zeit traf ich die bewusste Entscheidung, gegen Religion zu sein. Ich sagte, dass ich weder an Gott, noch an irgendeine übernatürliche Macht glaube, und dass ich nichts akzeptieren wolle, was ich nicht mit dem Kopf begreifen kann. Ich hatte viele Fragen und in der Klasse führten wir hitzige Diskussionen.

Als sich *Jom Kippur*, der Versöhnungstag, näherte, bereiteten sich in der religiösen Gruppe alle auf das Fasten vor. Wegen meiner damaligen Überzeugungen beschloss ich, aus der Reihe zu tanzen. Das war nichts Geringes, schon gar nicht für einen Fünfzehnjährigen: Für praktizierende Juden ist *Jom Kippur* der wohl am höchsten verehrte Feiertag. Ich jedoch beschloss, nicht zu fasten. Ich würde Lichtschalter betätigen und essen und trinken, was ich wollte. Ich wollte nichts mehr mit all dem zu tun haben. Ich sagte mir, wenn ich etwas richtig oder falsch finde, dann muss ich entsprechend handeln – nicht nur darüber reden –, und dann die Konsequenzen akzeptieren.

In dieser Zeit war ich sehr einsam, bis auf meinen Freund Jakob. Er war eine Klasse unter mir, aber wir hielten zusammen und sprachen oft miteinander. Wir beschlossen, dass wir *Mikwe* verlassen und uns gegenseitig helfen würden, sobald wir den Kurs abgeschlossen hätten. Jakob war pragmatischer als ich. Auch er wurde säkular, aber nur, weil er in der Gesellschaft vorwärtskommen wollte. Anders als ich bäumte er sich nicht gegen das gesamte System auf. Ich machte mir immer dadurch das Leben schwer, dass ich meinen Idealen folgte.

Einmal wurde ich sogar gewalttätig gegen die Gruppe, die einen Kibbuz gründen wollte. Viele von uns wohnten im gleichen Schlafsaal, aber die Jungen dieser Gruppe hielten zusammen und ignorierten mich. Eines Tages wurde ich über irgendetwas wütend, ging auf einen ihrer Anführer zu und schlug ihn heftig. Er war schockiert, denn mein Angriff kam vollkommen unerwartet. Danach taten sie sich gegen mich zusammen und planten, Rache zu nehmen. Zum Glück gelang es einigen meiner Freunde, mich im säkularen Teil von *Mikwe* unterzubringen. Dort blieb ich einige Nächte, bis sich alles wieder beruhigt hatte.

Inzwischen entschieden die Lehrer, ich hätte einen schlechten Einfluss auf die anderen, und es gelang ihnen, mich davon zu überzeugen, die Schule zu verlassen, obwohl mir nur noch ein paar Monate fehlten, um den Zweijahreskurs abzuschließen.

Außerdem verboten sie Jakob und mir, Zeit miteinander zu verbringen. (Wir trafen uns weiterhin heimlich, im Dunkeln. Wir gingen spazieren, redeten miteinander und beschlossen, dass wir um jeden Preis zusammenhalten wollten. Ich würde die Schule verlassen, eine Arbeit finden und Geld verdienen und dann würde auch er die Schule verlassen und wir würden es gemeinsam schaffen. Wir würden unsere Einnahmen zusammenlegen. Keiner von uns interessierte sich für Landwirtschaft. Er wollte Elektriker werden, was er schließlich auch wurde.)

In *Mikwe* gab es noch einen anderen polnischen Jungen, Benjamin Bodner. Er war auf wundersame Weise aus einem Zug entkommen, der unterwegs in ein Konzentrationslager war, und hatte sich nach Israel durchgeschlagen. Auch er war in der Schule unzufrieden und wir hatten miteinander darüber gesprochen, dass wir fortgehen wollten. Er erzählte mir von den *Palmach* („Einsatztruppen"), der Eliteeinheit innerhalb der *Hagana*, der jüdischen Widerstandsbewegung. Er meinte, wir sollten uns dort verpflichten, deshalb fuhren wir hin, um unsere Dienste anzubieten. Ich dachte vielleicht, es sei irgendwie ruhmvoll – ich weiß es nicht mehr. Ich war jedoch nicht sehr motiviert.

Jedenfalls wurde Benjamin angenommen und ich nicht. Ich weiß nicht, warum ich abgelehnt wurde, aber ich war sehr nervös und ein ganzes Jahr jünger als Benjamin.

Tragischerweise kam er später ums Leben, während der letzten Tage des Unabhängigkeitskrieges. Sein Vater hatte die Konzentrationslager überlebt und kam nach Israel, nur um dort zu erfahren, dass sein Sohn getötet worden war. In *Mikwe Israel* waren wir im Umgang mit Waffen ausgebildet worden. Wir lernten, wie man Gewehre und Revolver zusammensetzt, und übten Zielschießen. Wir lernten, wie man über Häuser klettert und über Mauern springt, und simulierten Angriffe. Wir fuhren sogar gemeinsam in die Wüste und hielten dort verschiedene Militärübungen ab. Damals gab es viele Schwierigkeiten mit den Beduinen. Sie benutzten Stöcke als Waffen, deshalb lernten wir, mit Stöcken zu kämpfen – wir lernten, wie man damit zuschlug und sich damit verteidigte. Wegen dieser Ausbildung war ich schon ein inoffizielles Mitglied der *Hagana*, aber als ich die Schule verließ, verlor ich vorübergehend den Kontakt.

Tante Elsa, Judah, Onkel Chaim Simcha, Sammy

10. Die Suche beginnt

Nachdem ich *Mikwe* verlassen hatte, suchte ich Arbeit. In *Mikwe* hatte ich mich unter anderem auf Kühe spezialisiert. Mit Unterstützung der Landwirtschaftsschule bekam ich eine Stelle auf einem Milchbauernhof nicht weit von Tel Aviv. Der Bauer brachte mit Pferd und Wagen die Milch in die Stadt. Wegen der Hitze fingen auch die Leute in der Stadt früh mit der Arbeit an, deshalb musste er die Milch frühmorgens liefern, wenn sie noch zu Hause waren. Im Sommer musste ich um ein Uhr nachts aufstehen und die Kühe melken, im Winter um drei Uhr. Der Bauer gab mir Unterkunft und Verpflegung und einen kleinen Lohn. Das war meine erste Arbeitsstelle. Ich war sehr glücklich, auf eigenen Füßen zu stehen.

Auf diesem Hof arbeitete ich etwa vier Monate und zunächst ging alles gut. Dann geriet ich mit der Bauersfrau in Streit und musste plötzlich gehen. Ich meinte zu ihr, ich könne nicht für sie arbeiten. Wieder war ich auf Arbeitssuche.

Zum Glück hatte ich Verwandte in Israel. Der jüngere Bruder meiner Mutter, Chaim Simcha, hatte ihr sehr nahegestanden und seine Liebe zu ihr schloss auch ihre Kinder ein. Er hatte auf der Liste der Teheran-Kinder gesehen, dass meine Schwester und ich kommen würden, und als wir in *Atlit* angekommen waren, kam er uns besuchen. Wir saßen in einem Bus und warteten auf die Abfahrt nach Jerusalem, da stand er plötzlich vor einem der Fenster und begrüßte uns. So war er, sehr warmherzig und hingebungsvoll.

Natürlich fragte er nach meiner Mutter. Ich war allerdings nicht sehr einfühlsam, und sagte ihm unverblümt, dass meine Mutter nicht mehr am Leben sei. Das war natürlich ein furchtbarer Schock für ihn.

Das Haus meines Onkels Chaim und seiner Frau, meiner Tante Elsa, wurde mir zu einem zweiten Zuhause. Immer wenn ich in *Mikwe* oder in der Genossenschaft frei hatte, konnte ich einfach dort auftauchen und sie empfingen mich jedes Mal wie einen Sohn. Mein Onkel war ein außergewöhnlicher Mann und sehr tolerant. Er war religiös, aber auch aufgeschlossen und ein gründlicher Denker. Er war auch sehr angesehen und die Leute kamen oft zu ihm, um sich bei ihm Rat in persönlichen Angelegenheiten oder bei Problemen im Dorf zu holen.

Noch stärker als Chaim Simchas Einfluss war der seines Sohnes Sammy. Er war fünf Jahre älter als ich, behandelte mich aber wie einen Freund und Gleichen. Nachdem ich den Milchbauernhof verlassen hatte, wandte ich mich um Hilfe an ihn. Ich hatte ja nicht nur meine Arbeit, sondern auch mein Zimmer verloren. Sammy hatte in Tel Aviv eine eigene Wohnung, dort nahm er mich bei sich auf und half mir, ein eigenes Zimmer zu finden. Er teilte alles mit mir und machte davon kein großes Aufheben. Diese großzügige Haltung beeindruckte mich tief.

Als ich bei Sammy wohnte, lernte ich viele seiner Freunde kennen. Er muss zu einer der Untergrundgruppen gehört haben, die sich für den Kampf gegen die Briten gebildet hatten. Natürlich stürzten sich die Briten auf jeden, der mit einer dieser Gruppen in Verbindung stand, und eines Tages wurde Sammy verhaftet. Ich denke nicht, dass sie Anklage gegen ihn erhoben, aber er wurde in ein Internierungslager geschickt wie damals viele Verdächtige.

Nach seiner Entlassung wurde er auf einer Liste der Sympathisanten mit den Rebellen geführt. Er stand auch unter Hausarrest und musste sich täglich bei der Polizei melden. In dieser Zeit besuchten ihn viele seiner Freunde in seiner Wohnung.

In den darauf folgenden Jahren führte ich viele, viele Gespräche mit Sammy und seinen Freunden. Sie haben meine Lebenseinstellung vollkommen verändert. Sammy lebte nicht nur für sich selbst. Er regte mich dazu an, meinen Horizont zu erweitern: an die Bedürfnisse anderer und an die ganze Welt zu denken.

Damals begann ich, selbständig mehr zu lesen und nachzudenken, besonders über den Kampf um Gerechtigkeit und Brüderlichkeit und über den Sinn des Lebens. Ich begann auch zu merken, dass ich für *irgendetwas* leben musste, das über mich selbst hinausging. Als ich vierzehn oder fünfzehn war, hatte ich so viel Hebräisch gelernt, dass ich Bücher lesen konnte, und soweit ich mich erinnern kann, hatte ich davor kein einziges Buch gelesen. Nun ging ich in die Bibliothek, so oft ich konnte. Ich las alles von Tolstoi und Dostojewski, das ich in Hebräisch finden konnte, ich kaufte *Schuld und Sühne* und las es in einer Nacht. Sicherlich habe ich nicht alles aufgenommen, aber etwas blieb mir davon. Auch der französische Autor Romain Rolland beeinflusste mich sehr mit seinen Idealen von Freundschaft und sozialer Gerechtigkeit – besonders in seinem Roman *Jean Christophe*, mit der Geschichte von Antoinette und Olivier, zwei Waisen, die einander in schweren Zeiten beistehen. Diese Geschichte brachte mich dazu, mit Jakob gemeinsame Sache zu machen. Auch er hatte inzwischen *Mikwe Israel* verlassen und Arbeit gefunden.

Schließlich fand ich Wohnung und Arbeit und Jakob zog zu mir. Ich verdiente 20 Pfund im Monat und mietete die Wohnung für 10 Pfund, also konnte ich die übrigen 10 Pfund beiseitelegen. Wir teilten uns das Geld, das wir verdienten. Ich kümmerte mich nicht so sehr um Geld, aber Jakob war vorsichtiger. Schließlich gaben wir die gemeinsame Kasse auf und teilten das Geld zu gleichen Teilen, sodass keiner von uns beiden mehr als der andere hatte.

Wir arbeiteten schwer, aber wir hatten auch viel Spaß zusammen. Einmal brüstete sich Jakob, er könne zwei Dutzend Eier auf einmal essen, aber ich glaubte es ihm nicht. Also sagte ich, wenn er zwei Dutzend Eier essen könnte, würde ich sie bezahlen. Er ging bereitwillig auf das Angebot ein und wir gingen in einen Laden und kauften die Eier. Ich wählte besonders große Eier und etwas Brot dazu – inzwischen fing ich an, etwas nervös zu werden. Jakob aß die Eier, zusammen mit dem ganzen Brot, und ich verlor die Wette.

Während dieser ganzen Zeit (ich war sechzehn und wurde siebzehn) rang ich um den Sinn des Lebens. Was ist der Zweck von allem? Ich hatte keinen Glauben, aber ich war auch nicht damit zufrieden, nur für mich zu leben. Jakob war damit beschäftigt, sich ein gutes Auskommen zu verschaffen und Spaß zu haben. Ich aber dachte, es hat doch keinen Sinn, nur Geld zu verdienen und Anerkennung zu gewinnen. Ich konnte sehen, dass die Menschen dadurch nicht glücklich werden. Wir wohnten zwar weiterhin zusammen, aber langsam drifteten wir auseinander.

Stattdessen zog es mich immer mehr zu Sammy und seinen Freunden. Besonders erinnere ich mich an Jesaja und Channah, ein verlobtes Paar, mit dem wir über viele Themen sprachen. Zum Beispiel verglichen wir die Vorteile von Kapitalismus, Sozialismus und Kommunismus miteinander. Derartige Themen hatten eine reale Bedeutung für uns, da wir uns Gedanken über die politische Situation Israels, die verschiedenen Parteien und ihre konkurrierenden Ideologien machten.

Sammy beeinflusste mich auch dadurch, dass er hohe moralische Maßstäbe hatte. Er war vorbildlich, wenn es darum ging, für andere zu sorgen, aber er stellte Menschen auch direkt zur Rede, wenn sie verfängliche Witze oder unanständige Bemerkungen machten. Seine Haltung brachte mich dazu, mir wirklich Gedanken über meine eigenen Wertvorstellungen bezüglich Sexualität zu machen. Er war es, der mir beibrachte, was es bedeutet, Respekt vor der Würde anderer zu haben, besonders Frauen. Ich musste nur in seiner Wohnung sein, um meinen geistigen Horizont über so grundlegende Dinge wie Arbeit und Anerkennung hinaus zu erweitern. Ich begann, über das Alltägliche hinauszublicken und mich zu fragen, wofür ich leben wolle.

Ich wollte für das Wahre und Gute leben, koste es, was es wolle. Aber ich war auch innerlich zerrissen. Einerseits fühlte ich mich sehr schwach und unfähig dazu, den Idealen, die ich mir setzte, gerecht zu werden. Andererseits wusste ich tief in meinem Inneren, dass ich dieses Streben nicht würde aufgeben können. Es konnte etwas mit meinen Wurzeln zu tun haben: der Berufung, die prophetische Vision eines Lebens in Brüderlichkeit zu verwirklichen, von der ich glaube, dass sie tief in den jüdischen Herzen wohnt.

Gleichzeitig beschäftigte mich die politische Situation in Palästina sehr. Ich versuchte immer noch, mit dem, was sich im Holocaust ereignet hatte, fertigzuwerden. Nachdem der Krieg vorüber war, versuchten Tausende von Überlebenden nach Palästina zu kommen, aber die Briten verweigerten ihnen die Einreise. In den Nachrichten hörten wir ständig von Schiffen, die von den Briten aufgegriffen und aus den Häfen, wo sie anzulegen gehofft hatten, zurückgeschickt worden waren. Tausende von Menschen wurden weggeschickt, einige nach Zypern und andere zurück aufs europäische Festland. Ich hatte die Deutschen gehasst, aber jetzt, da der Holocaust vorüber war und ich miterlebte, wie die Überlebenden behandelt wurden, wendete sich mein Hass zunehmend gegen die Briten. (Ich sah die Araber nicht als Feinde an – nur die Briten.)

Damals empfanden viele genauso wie ich: Menschen riefen britischen Soldaten oft Schimpfwörter zu und verschiedene Untergrundgruppen griffen sie immer wieder an. Im Gegenzug fuhren die Briten in Panzern durch israelische Städte. Ihre Polizeistationen glichen Festungen und waren von Stacheldraht umgeben.

Gleichzeitig war ich davon überzeugt, dass Menschen nur glücklich sein können, wenn sie in Gemeinschaft und in Harmonie miteinander leben. Ich träumte von einer idealen Gesellschaft, in der die Menschen in Frieden miteinander leben würden. Ich wusste, dass es in einer solchen Welt keinen Platz für Hass gäbe. Nichtsdestoweniger wollte ich mein Leben im Kampf für das Überleben unseres Volkes einsetzen. Ich war bereit, mit allen notwendigen Mitteln gegen die Briten zu kämpfen.

Mit Sammys Hilfe fand ich Arbeit bei verschiedenen Gelegenheitsjobs in und um Tel Aviv. Ich reinigte Straßen, grub Löcher, besserte Straßen aus und half bei allen möglichen Bauarbeiten. Es war schwere körperliche Arbeit. Dann lernte ich Leute kennen, die für die Stadt ähnliche

Arbeiten mit einem Maultier und einem Wagen verrichteten und bekam bei ihnen Arbeit. Ich verdiente ungefähr 1,70 Pfund am Tag und arbeitete sechs Tage die Woche, das war für mich also ein ziemlicher Schritt nach oben. Wenn ich am Freitag ausgezahlt wurde, ging ich gewöhnlich Bücher kaufen. Ich las auch viel in Zeitungen, wenn ich mit den anderen Arbeitern in einem Café saß und auf den nächsten Auftrag wartete. Ich war an allem interessiert, was im Untergrund vor sich ging, aber nicht nur daran. Im Allgemeinen machten mich die Tagesnachrichten immer wütender, bis ich das Gefühl hatte, ich müsse einfach handeln.

Nach dem Ende der Militärzeit

11. Kampf um das Land

Als ich damals in Palästina lebte, gab es dort drei Untergrundorganisationen. Die erste war die *Hagana* („die Verteidigung"), aus der später die israelische Armee wurde. Die zweite, die *Irgun* („nationale militärische Organisation"), war radikaler und nationalistischer. Ihr Ziel war es, auf beiden Seiten des Jordan einen jüdischen Staat zu errichten. Viele ihrer Mitglieder wurden von den Briten verhaftet und einige wurden wegen terroristischer Handlungen hingerichtet. Dann gab es noch eine kleinere Gruppe mit Namen *Lechi* („Freiheitskämpfer Israels"). Die Briten nannten sie die *Stern-Gruppe*, nach ihrem Gründer Avraham Stern. Diese Gruppe betrachtete die Briten als die Hauptfeinde des Volkes und griff, wo immer es ihr möglich war, britische Ziele an, sowohl militärische als auch zivile.

Da ich keine nahen Verwandten in Israel hatte, wollte ich mein Leben dem Kampf für das Überleben meines Volkes als Ganzem widmen. Die *Stern-Gruppe* zog mich an und ich wollte mich ihr anschließen, aber ich fand keinen Kontakt zu ihr. Es gelang mir jedoch, mit der *Irgun* in Kontakt zu kommen. Ich wurde im Geheimen irgendwo zu einer Baustelle geführt. Dort richtete sich ein starkes Licht auf mich und ich wurde befragt. Ich konnte meine Befrager nicht sehen, während sie mich gut sehen konnten. Sie fragten mich: „Weißt du, was das Ziel der *Irgun* ist?" Ich schwieg. Ich war nicht so sicher, was ich von ihren Bestrebungen hinsichtlich eines israelischen Staates halten sollte.

Mein Hauptgedanke war, dass wir gegen den britischen Imperialismus kämpfen müssten. Also schwieg ich. Ich wusste nicht wirklich, was ich antworten sollte. Außerdem wollte ich mich ihnen gar nicht unbedingt anschließen. Ich wollte mich der *Stern-Gruppe* anschließen. Dann sagten meine Befrager: „Sollen wir dir sagen, was das Ziel der *Irgun* ist? Es ist die Errichtung eines jüdischen Staates auf beiden Seiten des Jordan. Stimmst du mit diesem Ziel überein?" Ich sagte, ja, das täte ich, aber es war schon klar: Ich hatte ihre Prüfung nicht bestanden. Damals muss ich etwa siebzehn gewesen sein.

Im November 1947 wurde in den Vereinten Nationen über die Teilung Palästinas in einen arabischen und einen jüdischen Staat abgestimmt. Im Lande herrschte gespannte Erwartung auf das Ergebnis der Abstimmung. Ich erinnere mich, dass viele Menschen auf den Straßen Tel Avivs standen und im Radio hörten, wie jedes Land seine Stimme abgab. Es nahm kein Ende, und schließlich ging ich nach Hause, um zu schlafen. Ich wohnte etwa drei Kilometer vom Zentrum Tel Avivs entfernt.

Mitten in der Nacht hörte ich einen großen Tumult. Mir war klar, dass die UN-Abstimmung zu unseren Gunsten ausgegangen war. Ich stand auf und es gelang mir, ein Taxi nach Tel Aviv zu bekommen. Die Stadt war in Euphorie. Tausende Menschen gingen durch die Straßen. Läden machten auf und verteilten Getränke, die Menschen freuten sich. Sie tanzten buchstäblich in den Straßen.

Für den Rest der Nacht blieb ich in Tel Aviv. Es muss am nächsten Tag um sechs oder sieben Uhr morgens gewesen sein, als die Realität der Situation uns traf: die Tatsache, dass nicht alle die Geburt des modernen Israel feierten. Auf einen Früh-Bus von Jerusalem nach Tel Aviv war ein

Anschlag verübt worden und viele Menschen waren getötet worden. Der Grund war einfach: Während die meisten Juden in Palästina die Teilung des Landes unterstützten, taten die meisten Araber das nicht. Sie fühlten sich betrogen, und natürlich waren sie damals die Mehrheit in Palästina. Sie meinten, das ganze Land gehöre ihnen und wir seien Fremde, die ihnen ihr Land wegnähmen. Von diesem Moment an fingen die echten Auseinandersetzungen an. (Natürlich mussten die Briten die Entscheidung der Vereinten Nationen akzeptieren und sie willigten ein, das Land bis zum 15. Mai 1948 zu verlassen.)

Während der Übergangszeit von November 1947 bis Mai 1948 begannen die verschiedenen Untergrundorganisationen mit einer intensiven Mobilisierung. Von da an fand der eigentliche Konflikt zwischen Juden und Arabern statt. Gelegentlich intervenierten die Briten auf der einen oder anderen Seite, aber meist ließen sie den Ereignissen ihren Lauf, denn schließlich bereiteten sie ja ihren Abzug vor.

Das gesamte Jahr 1948 über kämpften jüdische und arabische Gruppen im ganzen Land um die Herrschaft über verschiedene Städte und ehemalige britische Polizeistationen.

Ich brannte darauf, an den Kampfhandlungen teilnehmen. Nie wieder würden wir uns zurücklehnen und akzeptieren, dass unser Volk abgeschlachtet würde, wie es Millionen Juden im Holocaust geschehen war. Wenn es sein müsste, würden wir um jeden Quadratzentimeter von Israel kämpfen und ein sicheres Heimatland für uns und unsere Kinder errichten. Im Februar gelang es mir, mich bei der *Hagana* einzuschreiben, und danach kämpfte ich in verschiedenen bewaffneten Konflikten bis zum Waffenstillstand.

Ich wusste damals noch nicht, dass mein Vater sicher nach Deutschland zurückgekehrt war. Deshalb meinte ich, es sei besser, wenn *ich* für die „Sache" sterben sollte (eher als jemand, der Eltern oder Kinder hatte). Also nahm ich freiwillig an allem teil, was nach Gefahr aussah. Daran dachte ich auch, als ich mich für die Ausbildung im Gebrauch von Minen und anderen derartigen Waffen meldete. Ich war kein großer Experte, aber schon bald fand ich mich in einer Sprengstoff-Einheit der israelischen Armee wieder. Wir gehörten zur Alexandroni-Brigade im 33. Bataillon.

Etwa im Mai 1948 gelang es mir endlich, mit der *Stern-Gruppe* in Kontakt zu kommen. Ich wurde in ein nahe gelegenes Lager beordert, dann verband man mir die Augen und befragte mich. Ich äußerte meine Meinung über das Britische Empire – dass es niemals einen freien und unabhängigen jüdischen Staat zulassen werde und dass man deshalb gegen die Briten Widerstand leisten müsse. Diese Gruppe fand meine Antwort akzeptabel und sie forderten mich auf, mich der Gruppe anzuschließen. Schon ein paar Tage danach wurde die Gründung des Staates Israel verkündet und alle, die früher in der Armee gewesen waren, wurden wieder zu ihren alten Einheiten zurückgeschickt.

Als Soldat war ich in viele Vorfälle verwickelt. Der ernsteste fand bei einem Ort namens Kfar Saba statt. Ein Teil der Stadt war jüdisch, ein Teil war arabisch. Unsere Einheit sollte den arabischen Teil stürmen. Meine Einheit hatte den Auftrag, Minen zu legen und die Straße zu der nahe gelegenen Stadt Qalqiliya zu verteidigen, um zu verhindern, dass Verstärkung durchbrechen würde. Der arabische Widerstand war viel stärker, als wir erwartet hatten. Innerhalb von Minuten waren viele unserer Leute tot oder verwundet. Ich habe noch heute die Bilder meiner sterbenden Kameraden vor Augen. Dann befahl uns der befehlshabende Offizier, den Hügel zu verlassen und uns in eine nahe gelegene Obstplantage zurückzuziehen. Diejenigen von uns, die nicht selbst getroffen worden waren, versuchten, den Verwundeten zu helfen. Unter schwerem Feuer gelang es uns, einige von ihnen in relative Sicherheit zu bringen. Aber plötzlich bemerkten wir, dass wir von Arabern umzingelt und von unserem Regiment abgeschnitten waren.

Unser befehlshabender Offizier beschloss, eine kleine Gruppe Soldaten zurück nach Kfar Saba zu nehmen, um Verstärkung anzufordern. Ich ging mit ihnen, um sie sicher durch die Minen zu führen, die ich gelegt hatte. Sobald wir weg waren, griffen die Araber an. Sie töteten die Verwundeten, die wir eben verlassen hatten, und verstümmelten ihre Leichen. Ich machte mir Vorwürfe, dass ich sie alleingelassen hatte, obwohl ich nichts zu ihrer Rettung hätte tun können. Wir alle waren von diesem Erlebnis erschüttert, aber viele waren auch wütend und warteten ungeduldig auf eine Gelegenheit, Rache zu nehmen.

Einige Tage oder eine Woche später waren wir wieder im Einsatz. Wir versuchten, das etwa dreißig Kilometer südlich von Haifa nahe dem Meer gelegene Dorf Tantura einzunehmen. Nach erbitterten Kämpfen gelang es uns, den Ort zu erobern. Es gab Gerüchte, dass einige Männer aus dem Dorf zur Rache für das Massaker von Kfar Saba getötet worden seien. Ich habe nichts Derartiges gesehen, aber schon das Gerücht hatte eine Wirkung auf mich. Ich wollte für das Recht kämpfen, in diesem Land zu leben. Ich war mehr als bereit, gegen die Armeen Ägyptens, Jordaniens und anderer Länder zu kämpfen. Ich war bereit, mein Leben zu geben, um die Existenz des Staates Israel sicherzustellen. Aber es bedrückte mich, wie leicht Grausamkeit, Hass, Blutdurst und Rache sich des menschlichen Herzens bemächtigen können.

Natürlich hatten wir keine Zeit, allzu tief über solche Dinge nachzudenken. Damals dachte ich nur darüber nach, wie ich noch mehr tun könnte. In meiner Einheit war ein Soldat mit Namen Schmuel Getter. Er kam aus einer Gruppe junger Leute, die sich darauf vorbereiteten, einen Kibbuz zu gründen, und er plante, nach seiner Zeit beim Militär zu dieser Gruppe zurückzukehren. Die Mitglieder von Schmuels Gruppe gehörten alle zum *Palmach*. Ich dachte, dort gäbe es mehr Kampfeinsätze als in der Armee. Schmuel war derselben Ansicht. Daher desertierten wir beide von unserer Einheit und versuchten, seine Freunde zu finden.

Das gelang so weit, aber es gab noch ein Problem: Ich wollte ihnen nicht sagen, dass ich Josef Nacht hieß, weil sie dann herausgefunden hätten, dass ich schon zu einer anderen Einheit gehörte. Also stellte ich mich als Josef Ben-Eliezer vor. „Ben-Eliezer" bedeutet „Sohn des Eliezer", und das stimmte. Ich habe das damals einfach spontan so gesagt, und seitdem trage ich diesen Namen.

Solange ich beim *Palmach* war, blieb ich meist mit Schmuel und seinen Freunden zusammen. Diese jungen Männer und Frauen legten alles, was sie hatten, zusammen und besaßen es gemeinsam: Sogar in der Armee behielten sie diese Gemeinschaft bei. Die Frauen hatten einen Vorrat an allen möglichen Kleidungsstücken. Man konnte sich nehmen, was man brauchte, und es dann zum Waschen zurückgeben.

Damals war unsere Einheit sehr an der Einnahme von Lod beteiligt, einer Stadt in der Nähe von Tel Aviv. Hier erlitt mein Glaube an eine dem Menschen angeborene Güte einen schweren Schlag. Nachdem die Stadt erobert war, brachen Straßenkämpfe aus, und bald darauf wurde der gesamten arabischen Bevölkerung befohlen, die Stadt zu verlassen. Ich erinnere mich lebhaft an die langen Reihen von Flüchtlingen – Männer, Frauen und Kinder –, die in eine ungewisse Zukunft flohen.

Einmal durchsuchte meine Einheit Flüchtlinge nach Waffen und Wertgegenständen. Die Atmosphäre war angespannt und einige meiner Kameraden misshandelten Zivilisten. Natürlich sprang meine Erinnerung zurück auf meine eigenen Erlebnisse als Zehnjähriger, als wir aus unserer Heimat in Polen fliehen mussten. Aber hier waren die Rollen vertauscht. Als einer unserer Männer einen Palästinenser mit seinem Bajonett schlug, traf mich die Erinnerung wie ein Schlag: Genau auf dieselbe Weise war mein Vater von einem deutschen Soldaten geschlagen worden! Es erschütterte mich tief: Was ist es nur, das Menschen dazu bringt, einander auf diese Weise zu behandeln?

Dann sah ich, wie zwei unserer Soldaten – sie waren so jung, eher Jungen als Männer – einige Araber zusammentrieben und ihnen befahlen, ein Grab zu graben. Dann zwangen sie die Araber, hineinzusteigen und legten ihre Gewehre auf sie an. In diesem Moment brüllten einige von uns sie an, sie sollten sofort aufhören, und die beiden ließen die Männer gehen. Ich war von diesem Erlebnis völlig aufgewühlt: Waren wir wirklich dazu fähig, anderen genau dasselbe anzutun, was man uns im vorangegangenen

Krieg angetan hatte? Ich war in schrecklichem Aufruhr. Ich wollte für den neuen Staat Israel kämpfen, aber nur, weil wir um unser Überleben kämpften, nicht, um andere zu verletzen oder brutal zu behandeln. (Ich bin sicher, die jungen Männer unserer Einheit, die in diese Vorkommnisse verwickelt waren, hätten dergleichen unter normalen Umständen niemals getan, aber wir waren in einer derartig angespannten Situation, dass moralische Skrupel leicht in den Wind geschlagen werden konnten.)

In dieser Zeit versuchte ich, einem Araber zu helfen, der gezwungen worden war, Gräben für uns auszuheben. Er muss etwas Hebräisch gekonnt haben, denn ich erinnere mich, dass er mir sagte, er sei Friseur. Ich sagte ihm, er solle nach Hause gehen, aber er hatte seine Familie in der Menge verloren, die aus der Stadt strömte. Wieder erinnerte ich mich, wie unsere Familie aus Rozwadów geflohen war, und fühlte mich irgendwie verpflichtet, ihm zu helfen. Ich ging mit ihm durch die engen Straßen Lods, meine Sten Maschinenpistole bei mir. Es war verrückt, völlig alleine herumzulaufen, ich hätte leicht getötet werden können. Jedenfalls gingen wir mitten durch die Stadt und fanden schließlich seine Familie, die ihren ganzen Besitz auf einen Pferdewagen geladen hatte. Ich eskortierte sie sicher bis an die Stadtgrenze, aber ich habe keine Ahnung, was danach aus ihnen geworden ist – es gab so viel Leid. Andererseits gab es auch Augenblicke der Güte und Menschlichkeit, selbst inmitten der allgemeinen Brutalität.

Kurz nach dem Einsatz in Lod wurde ich krank. Zuerst wusste ich nicht, was los war, aber schließlich diagnostizierten die Sanitäter Malaria. Inzwischen war ich schon so erschöpft, dass ich kaum noch aufrecht stehen konnte. Nach ein paar Wochen in einem Krankenhaus, wo ich mit

Chinin behandelt wurde, konnte ich wieder zu meinen Kameraden zurück. Aber die Dinge hatten sich geändert: Ein Waffenstillstand war vereinbart worden und es wurde nicht mehr aktiv gekämpft – jedenfalls vorläufig nicht. Auch die Atmosphäre in der Einheit hatte sich verändert.

Wir hatten immer einen starken Gemeinschaftssinn gehabt, die Offiziere und die Mannschaften gemeinsam für die gleiche Sache gekämpft. Aber jetzt begann sich die israelische Armee zu festigen und mehr Wert auf formelle militärische Disziplin zu legen. Übungen wurden streng und mechanistisch. Jedenfalls war ich meinen Freunden im *Palmach* nicht mehr so nahe wie vorher.

Ich kehrte in meine Einheit in der Alexandroni-Brigade zurück. Natürlich wurde ich wegen Desertion verhaftet, aber die Offiziere waren nachsichtig, da ich ja nach einem härteren Einsatz gesucht hatte und mich nicht dem Militärdienst hatte entziehen wollen. Außerdem bat ich darum, wieder in meine Sprengstoff-Einheit zu kommen, die gerade für einen Einsatz im Negev mobilmachte. Das war gegen Ende 1948 und es war, denke ich, die letzte Phase der schweren Kampfeinsätze.

Zwei Dörfer im Negev wurden noch von ägyptischen Einheiten gehalten, die von Gamal Abdel Nasser, dem späteren Präsidenten von Ägypten, geführt wurden. Meine Sprengstoff-Einheit hatte eine neue, noch unerprobte Waffe: Flammenwerfer. Wir hatten einige davon, aber es war gefährlich, vor allem, weil keiner von uns wirklich wusste, wie die Waffe benutzt wurde. Eine wurde David zugeteilt, einem jungen Mann in meiner Einheit. Er hatte offensichtlich Angst und ich wusste, dass er der einzige Sohn in seiner Familie war.

Ich bot an, freiwillig seinen Platz einzunehmen, und unser befehlshabender Offizier war einverstanden. Tragischerweise wurde David beim ersten Ansturm auf Iraq-al-Manschir getötet, während ich nur seinen schweren, nutzlosen Flammenwerfer die ganze Nacht lang durch den strömenden Regen schleppte.

Manchmal fühle ich mich schuldig. Vielleicht wäre David noch am Leben, wenn ich nicht seinen Platz eingenommen hätte. Andererseits bin ich für das Wunder dankbar, dass ich noch lebe, nachdem ich mich so viele Male in Gefahr gebracht habe. Da ich die meiste Zeit in der Sprengstoff-Einheit war, sah ich nie wirklich, wie jemand in nächster Nähe getötet wurde, aber ich wurde von Flashbacks gequält, wie meine Kameraden im Kampf gestorben waren. Außerdem hatte ich Gewissensbisse wegen des Todes meiner Mutter und des ungewissen Schicksals meines Vaters.

Ich wurde mit diesem inneren Aufruhr nicht fertig und die Malaria machte alles noch schlimmer. Während dieser schwierigen Zeit scheuten meine Schwester Judith und andere aus meiner Familie keine Mühe, mir beizustehen. Das gilt auch für einen Armee-Psychologen, den ich einige Male aufsuchte.

Im Januar 1949 verließ ich die Armee. Natürlich war das Kämpfen inzwischen größtenteils vorbei, und Israel verhandelte mit seinen arabischen Nachbarn über einen Waffenstillstand. Sehr bald danach fing ich an, über alles, was wir getan hatten, nachzudenken. Wir waren nach Israel gekommen und wollten dort einfach nur leben wie alle anderen Menschen auch – warum sollten wir kein Recht darauf haben?

Aber allein, dass wir leben wollten, bedeutete, dass wir direkt oder indirekt die Ursache davon waren, dass andere Menschen entwurzelt wurden und im Elend lebten. Ich kam immer mehr zu dem Schluss, dass ich nie wieder anderen Menschen Leid zufügen könnte, und wenn auch der Grund dafür noch so edel wäre.

Josef, Vater, Leo

12. Eine Wiedervereinigung

N achdem ich die Armee verlassen hatte, kam ich ganz unerwartet wieder mit meinem Vater in Verbindung. Ohne dass Judith und ich davon erfahren hatten, war es ihm gelungen, von Samarkand wieder nach Deutschland zu gelangen. Gemeinsam mit Leo und Lena war er durch Nachkriegs-Polen und -Österreich gereist, und nun hatte er sich erfolgreich wieder in Frankfurt niedergelassen. Es war ihnen gelungen, dort Ansprüche auf unser Eigentum geltend zu machen und Wiedergutmachungszahlungen zu bekommen. Inzwischen waren sowohl mein Bruder als auch meine Schwester verheiratet. Lena hatte schon eine Tochter.

Mein Vater konnte mich glücklicherweise in Israel ausfindig machen und lud mich nach Deutschland ein. Damals war es nicht so leicht, nach Europa zu kommen, deshalb wusste niemand, wann ich ankommen würde. Schließlich gelang es mir, einen Flug nach Paris zu buchen, von dort flog ich nach Belgien und dann nach Frankfurt. Das war damals die einzige Verbindung nach Frankfurt, man konnte nicht direkt von Paris fliegen. (Viele Jahre danach staunte ich über die gewaltige Größe des Frankfurter Flughafens. Der zivile Luftverkehr hatte damals nur einen Bruchteil des heutigen Ausmaßes.) Als ich landete, war ich fast pleite. Ich hatte nur 10 Pfund aus Israel mitnehmen können und das meiste davon schon ausgegeben. Also fragte ich nach der Richtung, schulterte meinen

Rucksack und wanderte auf der Suche nach der Adresse, die ich bei mir hatte, in Richtung Stadt.

Als ich endlich am Sandweg 46 ankam, war mein Vater gerade draußen vor dem Haus. Er hatte sich kaum verändert, aber das bleiche, abgemagerte Kind, das er aus Samarkand kannte, war vollkommen verschwunden und er erkannte mich nicht. Als ich mich ihm näherte, sah er mich von oben bis unten an und fragte sich, wer dieser braungebrannte junge Fremdling sein mochte. Dann schrie ich: „Vater!" und er umarmte mich. Ehe ich mich versah, stürzten mein Bruder und meine Schwester heraus und wir umarmten uns unter Tränen. Sieben Jahre lang waren wir voneinander getrennt gewesen.

Als Kind war ich meinem Vater nicht sehr nahe gewesen. Tatsächlich hatte es viele Konflikte gegeben, weil er (vergeblich) versucht hatte, mein rebellisches Wesen zu zähmen. In einem einzigen Augenblick war das alles wie weggeblasen, ohne dass wir darüber hätten sprechen müssen. Er war bereit, alles zu tun, um mir zu helfen. Ich erinnere mich, wie stolz er eine teure goldene Uhr aus der Tasche zog, die er gekauft und für diese Gelegenheit aufbewahrt hatte. Allein die Tatsache, dass ich meinen Vater und meine Geschwister lebendig vor mir sah, half mir dabei, mich mit meinen Schuldgefühlen darüber auseinanderzusetzen, dass ich sie in Samarkand zurückgelassen hatte.

Meinem Vater ging es gut. In dem Durcheinander nach dem Krieg war es ihm gelungen, einen lukrativen Handel mit Zigaretten und anderen knappen Waren aufzubauen. Er wollte, dass ich dabei mitmachte, aber ich liebte meine Unabhängigkeit und war idealistisch. Ich dachte, ich sollte von meiner eigenen Hände Arbeit leben und nicht vom Handel mit Waren. Ich wollte ein Gewerbe erlernen. Bald darauf fand ich Arbeit als Fliesenleger. Bei dieser Arbeit blieb ich etwa sechs Monate, bis ich mir dummerweise den Knöchel verstauchte und aufhören musste.

In Deutschland zu sein, war mir wichtig. Ich war seit meiner Kindheit keinem Deutschen mehr begegnet und in meinem Kopf hatte ich noch das Bild von ihnen als Wahnsinnige oder Ungeheuer. Wie sonst hätten sie die schrecklichen Verbrechen des Holocaust begehen können? Aber mit ihnen zu leben und zu arbeiten, milderte diese Ansicht. Da war der Fliesenlegermeister, für den ich arbeitete, er war ein netter Mann – ein vollkommen normaler Mensch. Ich war nicht naiv, ich schauderte bei dem Gedanken, dass selbst ein Mensch wie er ein Nazi gewesen sein könnte, vielleicht sogar Mitglied der SS. Es war klar: pathologische Führer wie Hitler und Himmler hatten ihr Leben absichtlich dem Bösen geweiht, aber was hatte so viele „gewöhnliche" Leute dazu gebracht, dieses Böse zu akzeptieren und sogar dabei mitzumachen? Ich musste an die beiden jungen Soldaten in Lod denken. Welche Macht entfesselt diese Grausamkeit im Herzen eines Menschen? Alles, was ich mit Sicherheit wusste, war, dass in Situationen, in denen es keine moralischen Hemmungen gibt, Menschen von einem Augenblick auf den anderen zu Tieren werden können.

Gleichzeitig wusste ich, dass ich niemals vergessen durfte, was im Holocaust geschehen war. Zwei meiner Cousins waren in einem Konzentrationslager umgekommen, meine Mutter und einige andere Verwandte waren an Hunger und Krankheit in Russland gestorben. Ich kaufte ein Buch mit Fotografien verschiedener Szenen aus dem Holocaust. Ich schlug es oft auf, nur um mich zu erinnern.

Diese Bilder haben sich tief in meine Erinnerung einge-
graben.

Mehr als ein halbes Jahrhundert später werde ich noch
immer manchmal von meinem Schmerz darüber überwäl-
tigt. Ich hätte in den letzten Jahren oft Gelegenheit gehabt,
das Holocaust-Museum in Washington D.C. in den USA
zu besuchen, aber ich habe es nie über mich gebracht,
hinzugehen. Einmal habe ich das Diaspora-Museum in
Israel besucht, aber ich konnte nicht bleiben. Die Ausstel-
lungsstücke waren mehr, als ich ertragen konnte. Schon
die Bilder in meinem Bewusstsein sind manchmal zu viel.
Ich schaudere nicht nur, wenn ich an die denke, die in der
Schoah gelitten haben, sondern auch beim Gedanken an
die, die diese grauenhaften Taten geplant und ausgeführt
haben. Ich schaudere bei dem Gedanken, dass eine Macht
in dieser Welt am Werke ist, die Menschen dazu bringt,
sich so dem Bösen hinzugeben.

Josef und Judith

13. Die Suche geht weiter

In Frankfurt blieb ich ein Jahr, von August 1949 bis 1950. Die gesamte Zeit verbrachte ich mit meinem Vater und meinen Geschwistern (und ihren Familien). Zuerst war ich glücklich, aber nach einem Unfall, der mich gezwungen hatte, mit dem Fliesenlegen aufzuhören, wusste ich nicht, was ich tun sollte. Ich hatte in Deutschland nicht wirklich Fuß gefasst und beschloss deshalb, nach Israel zurückzukehren. Ich war keineswegs ein überzeugter Zionist, aber ich fühlte mich in Israel eher zu Hause. Zum einen beherrschte ich die Sprache. Außerdem hatte ich das Gefühl, dass ich – und jeder Jude – einen Lebenssinn, eine Bestimmung zu erfüllen hätte. Das war keine religiöse Überzeugung, damals glaubte ich an keinen Gott, aber ich wusste, dass ich für etwas leben wollte, das größer war als ich.

Als ich jedoch wieder in Israel war, kamen mir Zweifel. Ich fragte mich: „Warum versuchst du immer, anders als alle anderen zu sein?" Ich beschloss zu versuchen, mich einzufügen – ausnahmsweise einmal in der „normalen" Gesellschaft mitzumachen. Ich besuchte Jakob Finkelstein; er hatte schon immer fester mit beiden Beinen auf der Erde gestanden als ich.

Jakob freute sich, dass ich unsere Freundschaft erneuerte, und wir beschlossen, gemeinsam ein Geschäft aufzumachen. Ich hatte etwas Geld von meinem Vater, und er wusste, wie man ein Geschäft betreibt. Wir kauften ein paar Speiseeismaschinen und machten einen Laden auf.

Da ich in der Armee gewesen war, bekam ich die notwendigen Lebensmittelzuweisungen.

Unser kleines Unternehmen war ein Erfolg, aber nach einem Sommer hatte ich genug davon. Das war nicht das Leben, das ich führen wollte. Außerdem waren Jakob und ich in unserem Wesen zu verschieden voneinander, als dass wir ein gemeinsames Geschäft hätten betreiben können: Er war zufrieden damit, sich in die Gesellschaft einzufügen und soviel Spaß wie möglich zu haben, während ich in den alltäglichen Routinen keine Erfüllung finden konnte.

Mein ganzer innerer Kampf in dieser Zeit spiegelt sich am besten in den Büchern, Theaterstücken und Filmen wider, die mich damals beschäftigten. Einige machten einen tiefen Eindruck auf mich. Wenn Lennie in John Steinbecks Roman *Von Mäusen und Menschen* die Selbstkontrolle verliert und seine Freundin tötet, schien es mir, als würde er die Not der ganzen Menschheit hinausschreien. Was ist es, das Menschen davon abhält, miteinander in Harmonie zu leben? Dasselbe Thema klang für mich durch Jean-Paul Sartres Drama *Geschlossene Gesellschaft*, in dem drei Menschen gezwungen sind, zusammenzuleben und es fertigbringen, sich gegenseitig das Leben zur Last zu machen. Am Ende sagt einer der drei: „Die Hölle, das sind die anderen." Nirgendwo sonst wurde meine brennende Frage jedoch eindringlicher gestellt als in Fjodor Dostojewskis *Idiot*, wo Fürst Myschkin seinen herzergreifenden Appell formuliert: „Warum können Menschen nicht zusammenleben? Was hält sie davon ab, einander zuzuhören?"

Immer mehr rang ich mit Idealen und Idealisten. Ich war am Scheideweg: Der Sozialismus der Zionisten zog mich nicht mehr an. Ich hatte das Gefühl, dass sich die Atmosphäre seit den Tagen der frühen Kibbuz-Bewegung völlig verändert hatte. Damals mussten die ersten Pioniere alle möglichen Gefahren und Hindernisse überwinden, nur um sich durchzuschlagen. Während meiner Zeit im *Palmach* hatte ich gesehen, wie die nächste Generation die Kriegsbeute für *ihren* neuen Kibbuz zusammensammelte. Sie redeten zwar von Sozialismus und Brüderlichkeit, in meinen Augen sah es allerdings wie Plünderei aus. Danach hatte ich das Gefühl, ich könnte nicht einmal daran denken, in einen Kibbuz einzutreten.

Ich begann, eine Menge marxistischer Literatur zu lesen und führte viele Gespräche mit meinem Cousin Sammy. Er versuchte mich davon zu überzeugen, dass die Palästinenser uns immer hassen würden – solange wir zum Zionismus gehörten. In gewisser Weise bestätigte er mein Gefühl, dass unsere Bemühungen, eine Heimat für uns zu schaffen, nur verwirklicht werden können, wenn wir anderen Menschen Leid zufügen. Gleichzeitig behauptete ich, es sollte möglich sein, in Israel zu leben und zu seinem Aufbau beizutragen, ohne an der Gewalt teilzuhaben, nämlich indem man für Versöhnung arbeitete. Er entgegnete, es seien nicht die Taten oder Untaten des Einzelnen, die die Palästinenser gegen uns aufbrächten, sondern die bloße Existenz des Staates Israel, eines Staates, der sie verdränge.

Mein Gefühl, dass dieses kein nationales Problem war, wurde stärker und stärker. Irgendwie hing es mit dem gesamten Schicksal der Menschheit zusammen. Ich fing an, über die Geschichte des jüdischen Volkes durch die Jahrhunderte nachzudenken. Einerseits war Israel ein Staat, genau wie andere Staaten, bestehend aus Menschen, die genauso waren wie andere Menschen auch. Immer wieder hatte das Volk danach gestrebt, stark und mächtig zu werden. Aber es hatte immer Juden gegeben, die sich auch einer anderen Aufgabe bewusst waren: den Völkern ein Beispiel an Rechtschaffenheit und Gerechtigkeit vorzuleben. Und immer wieder hatte es prophetische Stimmen gegeben, die das Volk zu dieser besonderen Aufgabe zurückgerufen hatten. Ich war noch immer ein überzeugter Atheist, aber etwas von alledem begann, in mir zu wirken.

Natürlich wusste Onkel Chaim Simcha um all meine inneren Kämpfe. Als mein Gefühl immer stärker wurde, Israel verlassen und eine tiefere Antwort auf die Not der Menschheit finden zu müssen, versuchte er, mir das auszureden. Er meinte, die Bedürfnisse der Menschen seien überall dieselben; es sei unnötig, mich auf eine lange Suche zu begeben. Aber ich war ruhelos und hatte den Eindruck, dass ich Israel verlassen müsse, um Klarheit zu finden. Schließlich sagte er ziemlich traurig: „Hier ist noch einer in der Familie, der den Messias sucht." Vielleicht bezog er sich damit auf seinen eigenen jugendlichen Idealismus oder vielleicht auf meinen Cousin Leibich. In den 1920ern war dieser Cousin nach Palästina gegangen, wurde allerdings ausgewiesen, als er Kommunist wurde. Er kam nach Polen zurück, aber schließlich zog er los, um im Spanischen Bürgerkrieg zu kämpfen, und kam nie zurück.

Vielleicht gab es in unserer Familie eine Veranlagung zum Suchen und Träumen, oder vielleicht liegt es im Wesen unseres Volkes. Ich glaube nicht, dass es nur ein Zufall ist, dass so viele Juden sich verschiedenen Freiheits- und Gerechtigkeitsbewegungen in der Welt anschließen.

Jedenfalls begann ich, meine Abreise aus Israel vorzubereiten. Ich beschloss, nach Paris zu gehen. Nach dem Krieg schien die Stadt mehr Nationalitäten und Ideologien anzuziehen denn je. Vielleicht würde mir dort alles klarer. Ich hoffte, als Setzer in Jiddisch Arbeit zu finden, deshalb ließ ich mich sechs Monate lang dafür ausbilden. In der Zwischenzeit lernte ich Tag und Nacht so viel Französisch, wie ich nur konnte. Schließlich verließ ich im Mai 1953 Israel, um nach Frankreich zu gehen.

14. Die Paris-Gruppe

Meine wichtigste Kontaktperson in der französischen Hauptstadt war meine Cousine Berta. Sie war ein Jahr zuvor aus Israel dorthin gezogen. Durch Berta lernte ich Jakob Halperin kennen, den sie später heiratete. Er leitete eine engagierte Gruppe von Leninisten in der Stadt.

Jakob war ein begabter Redner und konnte so gut wie jeden überzeugen. Er sprach Russisch, Polnisch, Arabisch, Hebräisch, Deutsch und andere Sprachen fließend. Er war belesen und ein Kenner klassischer Literatur. Sein Held war Lenin. Trotzki, Stalin und andere kommunistische Führer kritisierte er dafür, dass sie Lenins Vision verraten hätten. Er war ein überzeugter Idealist und widmete sein ganzes Leben der kommunistischen Revolution. Tatsächlich war er bereit, fast jedes Mittel einzusetzen, um sein Ziel einer gerechten Gesellschaft zu erreichen.

Im Rückblick erkenne ich jetzt, dass Berta und einige ihrer Freunde in Tel Aviv mich schon seit Langem als möglichen Neuling für ihren Kreis ausgemacht hatten. Bevor sie abgefahren war, hatten wir über Dinge gesprochen, die mich beschäftigten, und über meine Idee, Israel zu verlassen. Aber ich hatte keine Ahnung, dass sie in solche Sachen verwickelt war. Ich dachte, sie sei nur darum nett zu mir, weil sie meine Cousine war und weil wir ein paar Vorstellungen gemeinsam hatten. Wie es auch gewesen sein mag, jedenfalls nahm ich ihre und Jakobs Theorien begierig auf, sobald ich nach Paris gekommen war.

Jakobs Gruppe war von ihren Widersprüchen geprägt. Einerseits fühlte sie sich als Gemeinschaft: Es gab echte Kameradschaft, wir aßen zusammen und teilten im Grunde alles. Andererseits blieben die Einzelnen ziemlich zurückhaltend. Wir trafen uns heimlich zu Gesprächen und sagten einander weder unsere Namen noch irgendetwas über unsere Herkunft. Wir produzierten Flugblätter, um die Sache des „wahren Kommunismus" zu fördern, aber diese waren eher gegen Stalin als gegen die Kapitalisten gerichtet. Wir waren nur eine Handvoll Leute, aber wir hatten große Pläne: Wir sagten uns, dass auch die ersten Kommunisten in Russland nur sehr wenige gewesen wären und doch hatten sie Erfolg gehabt. „Wir müssen den Massen voraus sein", sagten wir uns, „und dann werden uns alle folgen."

Ich blieb nur etwa drei Monate bei „der Gruppe", danach zog ich zu meinen Geschwistern nach Frankfurt. Ich wäre länger in Paris geblieben, aber ich bekam keine Aufenthaltsgenehmigung für Frankreich. Während dieser Zeit gelang es meiner Schwester Judith, zu ihrem ersten Besuch aus Israel zu kommen, sodass wir vier Geschwister, nachdem wir auf unserer Odyssee durch Europa und Asien versprengt worden waren, endlich wieder zusammenkamen.

In Deutschland war ich etwa sechs Monate, aber ich fand keine Arbeit und sehnte mich danach, zu meinen Kameraden nach Paris zurückzukehren. Zu Beginn des Jahres 1954 halfen mir meine Freunde dabei: Zuerst ging ich heimlich über die Grenze nach Belgien und von dort schmuggelte ich mich nach Frankreich. Alles ging gut – bis ich nach Paris kam. Niemand holte mich, wie es verabredet worden war, vom Bahnhof ab und ich wusste nicht, wo ich die Nacht über bleiben sollte. Ich wollte nicht am Bahnhof herumlungern und Aufmerksamkeit oder gar Verdacht erregen, also wanderte ich in ein Viertel, in dem es ein reges Nachtleben gab. Inzwischen war es schon ziemlich spät geworden, und so setzte ich mich auf eine Bank, um auf den Morgen zu warten.

Nach einiger Zeit kam ein Mann vorbei und begann ein Gespräch mit mir. Auch er war Ausländer und er erzählte mir Geschichten darüber, wie er misshandelt worden sei. Meine Sympathie für ihn wuchs, bis sie zu schierer Dummheit geworden war. Ich sagte ihm, ich sei illegal in Paris. Er fragte mich, ob ich genug Geld hätte, um über die Runden zu kommen, und ich versicherte ihm, ich hätte genug Geld und zeigte ihm sogar meine Brieftasche. Kurz darauf wünschte er mir alles Gute und ging davon. Als ich später einen Kaffee kaufen wollte, stellte ich fest, dass mein ganzes Geld weg war – gestohlen.

Am nächsten Tag konnte ich Jakob und Berta ausfindig machen – eine Erleichterung – und sie halfen mir dabei, ein Zimmer zu finden. In Frankreich muss man sich bei den Behörden anmelden, das war natürlich ein Problem. Ich zog von einem Zimmer ins andere, aber schließlich half mir ein Mitglied unserer Gruppe, etwas Dauerhafteres zu finden. Er war Student und wohnte in einem Haus, in dem die Concierge an der Tür saß und jeden beobachtete, der ein und aus ging. Er sagte ihr, er ginge für einige Zeit nach Korsika zurück und wolle, dass ich so lange in seinem Zimmer wohnte. Jeden Tag ging ich ein und aus und achtete genau darauf, dass ich niemals mehr als „Bonjour, madame" sagte, damit sie nicht merkte, dass ich kein gewöhnlicher französischer Student war. Natürlich wurde es schwieriger, als ich Miete zahlen musste. Dafür musste ich meinen Text vorher sehr genau einstudieren.

Als ich wieder bei „der Gruppe" war, fuhr ich fort, mich mit den Schriften von Marx und Lenin zu beschäftigen. Ich nahm an allen Gesprächen teil und besuchte Studientage. Inzwischen wurde meine Sehnsucht nach einer Gesellschaft, in der die Menschen in Harmonie zusammenleben können – in der es weder Ungerechtigkeit noch Armut gibt –, immer stärker. Einige marxistische Theorien schienen Hoffnung auf eine Lösung zu bieten: zum Beispiel der Gedanke, dass die Gesellschaft das Verhalten der Menschen bestimme. (Offensichtlich verhält sich jemand, der in einem Slum aufwächst, anders als jemand, der in einem wohlhabenden Umfeld aufwächst.) Deshalb dachten wir, dass die Menschen auch anders handeln würden, wenn wir ihre Lebensumstände änderten. Wenn zum Beispiel das kapitalistische System den Egoismus fördert, weil jeder gezwungen ist, für sich selbst zu kämpfen – könnte nicht vielleicht ein sozialistisches System, das für alle Bürger sorgt, zum Teilen und zur Gemeinschaft anregen?

Aber es gab auch Fragen, auf die ich keine befriedigende Antwort finden konnte. Ich wollte nicht, dass sich die enttäuschende Entwicklung des Kommunismus in Russland anderswo wiederholen würde, und fragte mich, wie die Leute sicherstellen könnten, dass künftige Revolutionen nicht zur selben tyrannischen Ungerechtigkeit führen würden, wie ich sie in der Sowjetunion erlebt hatte.

In der Französischen Revolution war „Freiheit, Gleichheit, Brüderlichkeit!" skandiert worden, aber diejenigen, die später die Macht ergriffen, begingen schreckliche Untaten. Ihre Ideen waren edel, aber war Gewalt wirklich die einzige Möglichkeit, sie zu verwirklichen?

Es machte mich auch unglücklich, dass in der Gruppe Hass als eine Notwendigkeit dargestellt wurde. Ich konnte verstehen, dass ein Revolutionär sich mit den Massen identifizieren und bereit sein musste, für sie zu kämpfen, aber für mich bedeutete das durchaus nicht dasselbe wie Hass auf den Gegner. In Gesprächen mit Berta brachte ich die Rede wiederholt auf dieses Thema, aber sie konterte immer: „Wie ist es denn mit Hitler?" Sie war als Sechzehnjährige mit Mühe aus Deutschland entkommen und hatte einen enormen Hass auf Hitler und die Nazis. Ich konnte nur antworten, obwohl ich bereit sei, Tyrannen zu töten und für die Revolution zu kämpfen, bleibe es trotzdem falsch (meiner Meinung nach), irgendjemanden zu hassen – selbst Hitler. „Hass ist unter der Würde des Menschen", sagte ich zu meiner Cousine, „er erniedrigt den Menschen und macht ihn zum Tier". Sie antwortete dann nur: „Ach Josef, du klingst ja wie ein Christ – du wirst zu einem richtigen Spießbürger."

Nachdem das einige Monate lang so gegangen war, bekam ich wieder einmal das Gefühl, ich müsse weiterziehen. Ich brach die Beziehungen zu der Gruppe nicht ab, aber da ich bei ihnen nicht das gefunden hatte, wonach ich gesucht hatte, ging ich nach Frankfurt zurück. Dort wollten mich meine Geschwister unbedingt zum Geschäftspartner haben. Sie waren enttäuscht, als ich kein Interesse dafür zeigte. Ich fand Arbeit auf dem Bau – schwere körperliche Arbeit, schleppen und graben. Es war eine harte Zeit. Niemand schien mich zu verstehen. Die ungelöste Spannung war mehr, als ich ertragen konnte. Ich ging hin und wieder zu einem Psychoanalytiker, um mir helfen zu lassen, andere Male griff ich zur Flasche. Es war eine dunkle Zeit für mich.

Jakob Halperin kam in dieser Zeit zu Besuch und ich begleitete ihn auf seiner Reise durch Deutschland. Sein Ziel war es, die verschiedenen sozialistischen Gruppen, die gegen den Stalinismus waren, aber noch auf die soziale Revolution zuarbeiteten, miteinander in Verbindung zu bringen. Seltsamerweise reagierte mein Herz nicht mehr auf die von ihm geförderten Ideale. Die Vision einer kommunistischen Gesellschaft – also einer kooperativen Gesellschaft Gleicher – sprach mich zwar noch an, aber mich plagten alte Zweifel und ich konnte das, was in Russland schiefgegangen war, nicht ausblenden. Ich wollte verstehen, warum es immer falsch lief, warum den besten Bemühungen und erhabensten Zielen zum Trotz irgendetwas der tatsächlichen Errichtung wahrer Gemeinschaft immer in den Weg kam. Einstweilen, beschloss ich, wollte ich das Glück darin finden, dass ich meinen Lebensunterhalt durch eigene körperliche Arbeit verdiente. Aber ich war immer noch einsam und unzufrieden. Ich suchte etwas, das über das *persönliche* Glück hinausging, und ich schien es einfach nicht finden zu können.

1956 beschloss ich, noch einmal nach Israel zurückzugehen. Ich war nicht bereit, an Krieg oder anderer Gewalt teilzunehmen, aber meinen frühen Vorbehalten zum Trotz dachte ich, ich würde versuchen, in einem Kibbuz zu leben. Gerade als ich in Israel ankam, brach die Suezkrise aus. Gemeinsam mit Briten und Franzosen hatte Israel den Suezkanal eingenommen und die ganze Sinaihalbinsel erobert. In ganz Israel herrschte eine fürchterliche Euphorie, denn für viele signalisierte das die Rückkehr zum biblischen Zeitalter König Davids, als die Juden ein ganzes Reich beherrscht hatten. Auf mich hatte es genau die entgegengesetzte Wirkung: Es machte mich traurig.

Passfoto von 1956

Als ich im Land umherfuhr, wurde ich immer nieder-
geschlagener. Ich plante immer noch, in einen Kibbuz
einzutreten. In einem stellte ich mich sogar einer Befra-
gung angehender Mitglieder. Aber ich war zu ruhelos, zu
hoffnungslos, um mich tatsächlich zu binden. Mehr aus

Verzweiflung als aus Überzeugung verließ ich schließlich Israel wieder, um nach Deutschland zurückzukehren.

Auf dem Weg machte ich in Rom Halt. Ich wollte gerne wissen, was so viele Touristen dorthin zog. Ich ging sogar zum Vatikan, allerdings aus reiner Neugier, ich selbst hatte kein Interesse an Katholizismus oder Christentum. Als ich eine Basilika besichtigte, schlossen sich plötzlich die riesigen Türen hinter der Menge, zu der ich gehörte, und siehe da, der Papst höchstpersönlich wurde in einer Sänfte hereingetragen. Als er durch das Mittelschiff getragen wurde, hob er die Arme und eine vollkommene Hysterie brach aus – alle waren so aufgeregt, in der Nähe des Papstes zu sein. Was mich angeht, so fand ich es seltsam abstoßend, ja deprimierend. Jemanden herabzusetzen, ist zwar immer falsch, aber ich fand, dass es auch gegen die menschliche Würde ist, wenn man einen Einzelnen so sehr erhebt, als wäre er ein Gott.

Als ich Anfang 1957 nach Deutschland kam, ging ich nicht nach Frankfurt, sondern nach München. Ich weiß nicht warum. Ich war schwer depressiv und dachte manchmal sogar an Selbstmord. Ich sagte mir, dass es so einfach nicht weitergehen könne, dass Menschen sich gegenseitig hassen und bekriegen. Wenn unter den Menschen keine Solidarität zu finden war, gab es keine Hoffnung für die Zukunft und keinen Grund zu leben.

Die Dinge spitzten sich zu, als ich eines Abends zum Trinken ausging und jemand mein ganzes Geld stahl. Zu allem andern kam jetzt also noch hinzu, dass ich völlig pleite war. Ich schrieb Sammy sogar schon einen Abschiedsbrief und versuchte ihm darin zu erklären, warum ich das Leben nicht mehr ertragen könne …

Eine Psychiaterin, zu der ich kurz darauf gegangen war, machte mir Mut, es doch noch einmal zu versuchen. Sie gab mir auch etwas Geld, damit ich über die Runden käme, und irgendwie gelang es ihr, etwas in mir wieder zu entfachen. Ich schöpfte wieder Hoffnung. Dass ich eine Stelle fand und wieder arbeitete, half auch weiter.

Meinen depressiven Phasen zum Trotz gab ich meine Suche niemals auf. Ich ging zu Kursen und sah mir Dokumentarfilme über die Hitlerzeit an. Ich war entschlossen zu verstehen, wie das Dritte Reich hatte zustande kommen können. Als eine rechtsgesinnte Gruppierung eine Kundgebung in der Stadt abhielt, ging ich dorthin, um herauszufinden, welche Atmosphäre dort herrschte. Es mochten vielleicht tausend Menschen gewesen sein, die in einem schönen Saal an Tischen saßen. Kellnerinnen liefen zwischen ihnen umher und reichten ihnen riesige Maßkrüge mit Bier. Eine Kapelle spielte mitreißende patriotische Militärmusik. Die Stimmung war wie elektrisch geladen.

Dann erhob sich ein Mann und fing an zu reden: „Wie könnt ihr vergessen, was die Alliierten Dresden angetan haben? Habt ihr nicht die Lügen gehört, die über das deutsche Volk erzählt werden? Seht ihr nicht, wie unsere großartige Kultur und unser großartiges Erbe von diesen lügenden Heuchlern geschmäht werden?" Ich kann mich nicht an die genauen Worte erinnern, aber es gelang dem Redner, die Menschen im Saal in Fahrt zu bringen.

Ich sah mich um und dachte an die vielen, die arbeitslos, einsam und hoffnungslos sein mochten, wie ich es in den vorangegangenen Monaten gewesen war. Plötzlich wurde mir klar, wie leicht solche Dinge passieren können: Dieser Mann gab seinen Zuhörern Hoffnung, versprach ihnen die Lösung ihrer Probleme und gab ihnen ein Gefühl von

Zugehörigkeit. Unter den richtigen Umständen könnte fast jeder in den Strudel des Bösen gerissen werden.

Auf einem Ausflug vom Sinntal-Bruderhof im August 1960

15. Durchbruch

Um mir in München die Zeit zu vertreiben und um meine Bildung zu fördern, nahm ich an verschiedenen Kursen teil. Einer davon war in Esperanto.[9] Ich lernte eifrig, und als ich anfing, Esperanto-Zeitungen zu lesen, entdeckte ich zu meiner Begeisterung viele Gruppen, die sich mit der Frage beschäftigten, wie Frieden zwischen den Völkern zu erreichen sei. In einer der Zeitungen stolperte ich über die Anzeige eines Mannes, der mit jedem korrespondieren wollte, der an einem Leben nach dem folgenden Grundsatz interessiert sei: Jeder gibt, was er kann, und jeder bekommt, was er benötigt. Ich schrieb ihm und bekam bald darauf von einem Engländer namens Derrick Faux eine Antwort. Er schrieb mir von einer internationalen Gemeinschafts-Bewegung namens „Bruderhof", der er sich angeschlossen habe. Er teilte mir mit, dass diese Gemeinschaft vor kurzem in Deutschland (bei Fulda) eine Siedlung namens Sinntal eröffnet hatte und lud mich zu einem Besuch ein. Ich entschloss mich, der Einladung zu folgen.

Zu dieser Zeit rang ich noch andauernd mit der Frage, warum Menschen nicht in Harmonie und Solidarität miteinander leben könnten. Warum schien immer alles

---

9 Esperanto ist eine künstliche Sprache, die nach dem Krieg in Europa bekannt wurde. Sie wurde im 19. Jahrhundert von dem jüdischen Gelehrten Ludwig Zamenhof aus Betroffenheit angesichts des Hasses, der so oft die Völker trennt, erfunden. Esperanto wurde lange Zeit als Möglichkeit gesehen, Toleranz und Verständnis zu fördern, als eine Universalsprache, die zum Weltfrieden beiträgt.

auseinanderzufallen, selbst wenn Menschen sich der Idee verschrieben hatten, zusammenzuleben? Aus diesem Grund faszinierte mich die Möglichkeit, eine funktionierende Gemeinschaft kennenzulernen. Andererseits war ich skeptisch. Zum einen stieß mich ab, dass der Bruderhof eine religiöse Grundlage hatte. Zum anderen war ich nicht an einer Insel der Brüderlichkeit in einem Meer von Ungerechtigkeit und Hass interessiert, ein Ort, dessen Zweck lediglich ist, seinen Bewohnern so etwas wie persönlichen Frieden oder persönliche Erfüllung zu bescheren. Ich wollte eine Antwort, die für alle Menschen galt. Gleichzeitig war ich innerlich in Aufruhr, weil ich immer noch nicht gefunden hatte, was ich so verzweifelt suchte und was ich Jahr für Jahr gesucht hatte. Also dachte ich: „Na gut, du kannst bestimmt *irgendetwas* von so einer Gruppe lernen. Vielleicht kannst du ja auch von den Leuten dort erfahren, warum die Ideale Gerechtigkeit und Gleichheit durch die verschiedenen Revolutionen nicht verwirklicht worden sind."

An die religiöse und christliche Seite der Sache zu denken, verursachte mir Beklemmung, aber schließlich fuhr ich doch hin. Es war August 1958. Ich beschloss, ihnen einfach als Menschen zu begegnen – ohne Vorurteile und ohne sie schon zu verurteilen, noch bevor ich überhaupt angekommen war. „Sei offen!", sagte ich mir.

Meine guten Absichten wurden von der ersten Begegnung an auf die Probe gestellt. Ich kam an einem Sonntagnachmittag an, und die erste Person, der ich begegnete, war ein Mann, der vor dem Haus auf und ab ging und einen Stock auf dem Kopf balancierte. Ich fragte, ob das Sinntal sei, und er versicherte mir, ja, das sei es, ohne auch nur einmal den Blick von dem Stock abzuwenden. Er ging einfach weiter auf und ab, auf und ab. Ich fragte mich, was

für andere seltsame Leute hier wohl noch leben mochten –
oder vielleicht war dieser hier einfach nicht ganz richtig im
Kopf –, obwohl er tatsächlich jemar den rief, der mich auf
eine Tasse Tee einladen sollte …

Später wurde ein kleiner Zirkus für die Kinder aufgebaut und der Mann mit dem Stock trat als eine Art Clown
auf. Das erklärte die Sache: Er hatte seine Nummer geprobt!
Trotzdem kam mir die ganze Geschichte sehr seltsam vor.
Ich machte mir Sorgen über das Schicksal der Menschheit,
und hier schien sich niemand um etwas Ernsthafteres als
um Kinderunterhaltung zu kümmern.

Danach kamen Leute auf mich zu und fragten mich,
was ich suchte und warum ich gekommen sei. An meinem
letzten Tag in Sinntal (schließlich war ich einige Wochen
geblieben) wurde mir beim gemeinschaftlichen Essen
dieselbe Frage gestellt und ich wurde gefragt, ob ich nicht
sagen wollte, was der Besuch für mich bedeutet hatte. Ich
sagte, was ich immer sagte: Dass ich Brüderlichkeit suchte
und eine Antwort auf die Not der Menschheit. Ich sagte,
mein Verlangen danach sei so groß, dass ich bereit wäre,
mein Leben dafür einzusetzen.

Sicherlich machte ich auch klar, dass ich mit vielen
ihrer Ideen nicht übereinstimmte, aber niemand schien
Anstoß daran zu nehmen. Stattdessen nahmen sie echten
Anteil an meiner Suche – offensichtlich sahen sie sich
selbst auch als Suchende.

Ich fuhr nach München zurück, aber als ich dort war,
verspürte ich in mir den Wunsch, nach Sinntal zurückzukehren. In meinem Brief, in dem ich fragte, ob ich zurück-
kommen könne, schrieb ich: „Ich sehne mich danach,
einmal im Leben in meinem Herzen die Antwort auf die
tiefste Not der Menschheit zu erfahren. Selbst wenn ich

diese Antwort nur eine einzige Minute lang erfahren kann, wird mir das genügen." Der Grund dafür, dass ich mich an diesen einen Satz erinnere, ist, dass er die damalige Intensität meiner Sehnsucht widerspiegelt – und ihre Erfüllung: In den kommenden Jahren habe ich so viel mehr erfahren, als ich jemals gehofft hatte!

Im September 1958 kam ich zu einem längeren Besuch wieder nach Sinntal, und wieder begrüßten mich die Mitglieder der kleinen Gemeinschaft herzlich. Wir lebten sehr einfach. Es gab so gut wie keine Heizung und das Essen war knapp. Zum Frühstück bekamen wir ein winziges Stück Käse und etwas Brot, um es untereinander zu teilen. Einmal fragte mich der Mann, der die Lebensmittel einkaufte, ob ich ihm etwas Geld leihen könne. Ich gab ihm alles, was ich hatte.

Im Laufe der Zeit fing ich an, die Leute in Sinntal lieb zu gewinnen, aber ich hatte auch Bedenken und sprach sie sehr offen aus. Ich respektierte, dass sie als Christen ihren Glauben hatten – die Überzeugungen anderer nahm ich grundsätzlich ernst. Aber ich wollte wissen, warum man nicht einfach für Gerechtigkeit leben können sollte, ohne an Gott zu glauben. Ich hatte das Gefühl, ich würde heucheln, wenn ich an ihren religiösen Sachen teilnähme, also ließ ich es bleiben. Wenn sie zum Beispiel religiöse Lieder sangen, blieb ich einfach still. Das war nicht leicht, denn sie sangen viel, besonders als Weihnachten näherkam. Wenn ein Lied nicht religiös war, sang ich aus voller Kehle mit: Ich hatte eben meine Grundsätze. Aus demselben Grund weigerte ich mich, an ihrem Weihnachtsstück teilzunehmen. Im Rückblick staune ich, dass sie mir zu bleiben erlaubten. Wir waren eine kleine Gruppe und hatten viele Gäste. Die Art, wie ich ständig die religiöse Grundlage der

Gemeinschaft in Frage stellte, muss die Geduld aller auf die Probe gestellt haben.

Und kurz nach Neujahr kam dann auch jemand zu mir und sagte: „Josef, warum musst du so viel über die verschiedenen Aspekte unseres Gemeinschaftslebens, unserer Ideologie und unseres Glaubens streiten? Wenn du wirklich Brüderlichkeit suchst, dann *lebe* sie mit uns. Hör auf, nur immer davon zu reden!" Andere sagten dasselbe. Sie wollten, dass ich aktiv an ihrem Leben teilnähme, anstatt als Beobachter und Kritiker vom Rand aus zuzusehen. Das verstand ich, und versprach, mich darauf einzulassen – als Experiment. Was ich danach erlebte, war allerdings eine große Überraschung für mich.

Wegen meiner ganzen marxistischen Weltsicht war ich seit Langem davon überzeugt, dass die äußeren Umstände eines Menschen sein Verhalten bestimmten. Ich glaubte, dass die ideale Gesellschaft, wenn sie erst einmal erreicht sei, von sich aus vollkommene Brüderlichkeit bewirken würde. Natürlich waren mir mittlerweile auch Zweifel gekommen, weil alle mir bekannten Bemühungen, diese ideale Gesellschaft zu schaffen, vollkommen misslungen waren. Aber als ich wirklich in der Gemeinschaft zu leben versuchte, sah ich, dass es *in meinem Inneren* etwas gab, das sich querstellte. Langsam, aber sicher wurde mir klar, dass es selbst unter scheinbar idealen Umständen viele Dinge gibt, die wahrer Brüderlichkeit und wahrer Solidarität im Weg stehen. Dazu gehört das Ego, Eigensinn und übermäßige Empfindlichkeit. Das waren nicht die Ergebnisse einer Entwicklung oder eines Einflusses von außen, sondern das Zentrum meiner Identität; wesentlicher Teil eines jeden Menschen. Das war ein Schock für mich. War meine Suche vergeblich? Was sollte ich jetzt tun? Ich stand an einem Scheideweg.

Auf dem Höhepunkt meines inneren Aufruhrs kam ein Mann namens Heinrich Arnold nach Sinntal zu Besuch. Er lebte in einer Schwestergemeinschaft namens Woodcrest in New York und hatte schon viele Jahre in Gemeinschaft gelebt. Er schien mit mir sprechen zu wollen, also erzählte ich ihm meine Geschichte und sagte ihm, wonach ich suchte. Er hörte mir zu, schweigend, aber mit großem Verständnis und viel Mitgefühl. Er hatte sogar Tränen in den Augen. Später schrieb er mir aus Amerika einen Brief, darin hieß es: „Josef, ich vertraue darauf und glaube, dass wir eines Tages Brüder derselben Gemeinschaft sein werden." Ich hätte gerne gewusst, wie er das für möglich halten konnte, da ich innerlich noch weit davon entfernt war, die Grundlagen des Bruderhof-Lebens anzunehmen. Ich war immer noch sehr rationalistisch und atheistisch und nicht bereit, etwas anzunehmen, dessen Gültigkeit und Machbarkeit sich nicht beweisen ließen.

Josef im August 1960 mit Heinrich Arnold und Arno Martin vor dem alten Bruderhof in der hohen Rhön, der 1937 von den Nazis gestürmt worden war

Pfingsten 1959 erwies sich als Wendepunkt. Viele junge Leute, meist Studenten, kamen zu den Wochenendversammlungen in Sinntal. Heinz von Homeyer, ein damals sehr bekannter Autor, war der Hauptredner. Pfingsten war natürlich ein religiöses Fest und ich hatte meine eigenen Ansichten dazu. Wieder einmal war ich eher Beobachter als Teilnehmer. Dann, eines Abends, fand ich mich plötzlich mitten im Getümmel wieder. Eine hitzige Debatte hatte sich zwischen zwei entgegengesetzten Lagern entwickelt und bald war die Stimmung so aufgeheizt, dass beide Lager sich festgefahren hatten. Ich weiß nicht mehr genau, worum es ging, aber am Ende schrien sich die Leute nur noch gegenseitig an.

Plötzlich stand jemand auf und sagte: „Liebe Leute, ich möchte etwas sagen. Es gibt in der Welt zwei geistliche Mächte: Die eine Macht bringt die Menschen zusammen und die andere Macht trennt die Menschen voneinander. Auf welche der beiden Mächte will jeder Einzelne von euch in seinem Herzen hören?" Er setzte sich wieder. Sofort veränderte sich die Atmosphäre im Raum. Die Menschen konnten wieder miteinander reden und viele sagten frei heraus, was sie dachten. Die Mauern, die sie noch im Augenblick zuvor voneinander getrennt hatten, waren verschwunden.

Etwas ereignete sich in diesem Raum, das ich nicht verstehen konnte. Dann traf es mich. Ich kann nicht sagen, warum und wie es geschah, aber etwas traf mich mitten ins Herz. In diesem Augenblick erlebte ich die Wirklichkeit der Macht von Jesus Christus, der seit Jahrhunderten sein Volk in Einheit, in Brüderlichkeit, sammeln wollte. Es war dieselbe Vision, die das jüdische Volk darzustellen berufen war, ein Vorbild für eine vollkommen neue Weise, in dieser Welt zu leben. In diesem Augenblick überwältigte mich diese Macht vollkommen und veränderte mein Leben.

Das war das genaue Gegenteil der Karikatur des Christentums, die ich in den Pogromen in Polen erlebt hatte, bei den aufgewühlten Massen in Rom, bei den selbstzufriedenen Christen vielerorts, die nur ihre eigene Erlösung suchten und die mein Volk verfolgten. Dies war kein süßlich-religiöses persönliches Erlebnis, es war die Antwort auf die tiefe, brennende Not der Menschheit, der Schlüssel zu Frieden und Gerechtigkeit, nach denen sich alle Menschen sehnen. Bis zu diesem Augenblick hatte mich mein unerbittliches Bestehen auf Logik davon abgehalten, irgendeiner spirituellen Dimension gegenüber offen zu sein. Aber von diesem Zeitpunkt an gab es keine Zweifel mehr: Ich hatte gefunden, wonach ich gesucht hatte. Dies war die einzige Antwort auf das Leiden der Menschheit: sich Gott zu öffnen, der alle Menschen liebt und alle Menschen sammeln will, damit sie seinem Willen entsprechend leben.

Ich liebe Schach. In einem guten Spiel dauert es oft lange, bevor man bereit ist, eine Figur zu ziehen. Man betrachtet alle Möglichkeiten und dann trifft man eine Entscheidung. Alles ist vollkommen logisch. Jeder Zug wird im Voraus sorgfältig erwogen. Und trotzdem wird der Gegner manchmal einen Zug machen, den man nicht erwartet hatte und der die ganze Strategie, die man sich ausgedacht hatte, zunichte macht. Wie durch einen Blitzschlag wird einem klar, dass man sich mit seinem Ansatz auf eine falsche Annahme gestützt hatte und dass man wieder ganz von vorne anfangen muss, als wäre es ein vollkommen neues Spiel. Das war genau das, was ich tun musste – wozu ich die Chance bekommen hatte –, als ich endlich die Antwort auf mein Suchen gefunden hatte.

Ruth Traub und Josef Ben-Eliezer, Sinntal-Bruderhof 1962

Nachwort

„Ihr vom Haus Jakob, kommt, wir wollen unsere
Wege gehen im Licht des Herrn." (Jesaja 2,5) Lasst
uns mit aller Kraft dem göttlichen Licht folgen,
zitternd, aber entschlossen. Vielleicht werden
wir, wenn wir das tun, ein Vorbild, ein Zeichen für
andere sein, ein Fluchtweg aus der Dunkelheit
ins Licht. Lasst uns das leere Prahlen uns selbst
und anderen gegenüber, das erwählte Volk zu
sein, zurückweisen. Lasst uns unsere Erwähltheit
durch Taten des täglichen Lebens erweisen, indem
wir das in die Praxis umsetzen, was unser himm-
lischer Vater uns zu sein berufen hat, ein Vorbild
und ein Ruhm für alle Völker, für alle Menschen.

Natan Hofshi

Wer Josef Ben-Eliezer in den folgenden Jahrzehnten kennenlernt, sieht einen kleinen, bescheidenen Mann vor
sich. Wache Augen zeugen von seiner energiegeladenen
Persönlichkeit. Die Traumata der Kindheits- und Jugend-
jahre sind verheilt, Reizbarkeit und Wutanfälle überwun-
den – es braucht eine ganze Menge, um Josef aus der Ruhe
zu bringen. Vergessen ist die Vergangenheit jedoch nicht.
Geblieben ist eine Liebe und Sensibilität für Menschen in
Schwierigkeiten und Krisen. Zunächst arbeitet Josef viele

125

Jahre in den Werkstätten der Bruderhöfe, später wird er Seelsorger und hilft vor allem Jugendlichen, die großen und kleinen Herausforderungen des Erwachsenwerdens zu meistern. Aber auch viele andere Menschen innerhalb und außerhalb der Bruderhofgemeinschaften – darunter ehemalige Wehrmachtssoldaten und Vietnamveteranen – erleben ihn als guten Zuhörer, dessen innerer Frieden ansteckend wirkt. Im Laufe der Jahre werden Ruth und er Eltern von sieben Kindern und später Großeltern einer Schar von Enkeln, an die er seine Liebe für Hebräisch und für sein jüdisches Erbe weitergibt.

Als Josef Ben-Eliezer in der Nacht des 22. März 2013 an einem schweren Herzinfarkt stirbt, ist seine Familie wie benommen von der Plötzlichkeit seines Todes – und mit ihr hunderte von Freunden in der ganzen Welt. Für Josef selbst war es ein gnädiges, schnelles Überschreiten der Schwelle, ein Fallen in die Arme eines Gottes, den er einst verleugnet, später aber so vollkommen in sein Herz geschlossen hatte, dass er noch als alter Mann vor jugendlicher Begeisterung glühte.

Josefs Wandlung vom rebellischen Atheisten zum überzeugten Gläubigen war sicherlich dramatisch. Andererseits ging es bei seiner Wandlung nicht so sehr darum, dass er „Christ" wurde oder eine „religiöse" Bekehrung erlebte, sondern es ging darum, dass er einen völlig neuen Mittelpunkt für sein Leben gefunden hatte: Jesus und seine einfachen, aber radikalen Lehren vom Reich Gottes. Von nun an war sein Leben nicht mehr bestimmt durch sein eigenes, verzweifeltes Suchen, sondern er wurde durch die Begeisterung für eine größere Sache beflügelt. Die Ironie, dass dies ausgerechnet in einer christlichen Gemeinschaft geschehen war, vergaß er nie. Er war aber nicht jemand, der mit dem eigenen Lebensweg hadert. Für ihn war es einfach: Auf dem Bruderhof, gemeinsam mit anderen Männern und Frauen, die Christi Lehren ernst nahmen und ihnen gemäß leben wollten, fühlte er sich wie nie zuvor mit dem Gott seiner Vorväter konfrontiert.

Josefs Skepsis war zäh. Er bestand eine beträchtliche Zeit lang fest darauf, die Machbarkeit von Gemeinschaft widerlegen zu wollen. Mit der Zeit jedoch schmolzen seine Argumente und seine Abwehr allmählich dahin. In seinen eigenen Worten:

> Bis zu diesem Zeitpunkt hatte ich behauptet, es sei Unsinn, an eine höhere Macht zu glauben. Nach allem, was ich erlebt und gehört hatte, war ich darüber empört, dass meine Vorväter mit ihrem Glauben an einen Gott so viel Leiden über sich gebracht hatten.
>
> Wie andere Juden hatte auch ich mir geschworen, mich nie wieder wie ein Lamm zur Schlachtbank führen zu lassen – zumindest nicht kampflos! Außerdem, sagte ich mir, gibt es gar keinen Gott – und schon gar keinen menschgewordenen Christus, der mit uns am Kreuz der Welt gelitten hat, auferstanden ist und uns Leben bringt. Mir erschien es wie ein Wahnsinn, dass man nach all dem, was in seinem Namen verbrochen worden war – besonders an den Juden, aber auch von sogenannten Christen untereinander –, noch immer an die Wirklichkeit eines lebendigen Gottes glauben konnte. Ich muss gestehen, dass mir damals ein Schauder über den Rücken lief, wenn

ich das Wort „Christus" auch nur hörte. In meinem Bewusstsein war dieser Name mit Inquisition, Verfolgung, Heuchelei und Götzendienst verbunden.

Dennoch übergab er zwei Jahre später in der Glaubenstaufe sein Leben an Christus. Kurz darauf schrieb er:

Rückblickend sehe ich, dass mein Herz schon die ganze Zeit Sehnsucht nach Gott hatte. Wie habe ich mich geschämt, als mir klar wurde, wie groß seine Liebe ist, dass er seinen Sohn für mich hat kreuzigen lassen! Dass er mich nie im Stich gelassen oder aufgegeben hat, sondern mit mir gelitten und mir immer wieder liebevoll die Hand entgegengestreckt hat, damit ich verstehe, wie groß seine Liebe ist. Ich kann immer noch nicht fassen, wie ich so blind sein konnte, Gott nicht zu erkennen, wo seine Liebe doch sogar zu einer erbärmlichen Kreatur wie mir so groß ist!
Ich musste viele seelische Kämpfe durchstehen. Manchmal war es, als schwände mir der Boden unter den Füßen, aber immer dann, wenn ich meine eigene Hilflosigkeit am stärksten empfand, wenn es vom menschlichen Standpunkt aus hoffnungslos zu sein schien, erfuhr ich auch Christus an meiner Seite am stärksten. Er hat mich niemals im Stich gelassen.
Es gibt kein Leben, das nicht von Christus kommt! Immer wieder müssen wir zulassen, dass wir von ihm geführt werden, indem wir alles von ihm

erwarten und alles, was von uns selbst kommt, sterben lassen. Und Christus wird uns nicht enttäuschen, auch wenn wir oft nur wenig Glauben haben.

Ich kann nur sagen, dass ich mich bei der Taufe sehr geschämt habe – gleichzeitig war ich allerdings auch sehr dankbar und voll Freude. Geschämt habe ich mich, weil ich Jesus Christus immer wieder zurückgestoßen hatte. Aber seine Liebe übersteigt all unser menschliches Verstehen. Es war eine riesige Freude für mich zu erkennen, dass dieser Jesus, von dem die Heiligen Schriften sprechen, heute ebenso lebendig ist, wie er vor zweitausend Jahren war. Alles, was über seine Größe gesagt worden ist, ist wahr, und er ist sogar noch größer ...

Josef fügte noch hinzu, dass ihm durch die Entdeckung des „wahren" Jesus – „jemand, der sehr wenig mit all der Gewalt zu tun hat, die in seinem Namen verübt wird" – die Verheißung eines Lebens klar geworden sei, das für Liebe und Einheit gelebt wird.

Jesu Worte waren in meinen Ohren: „Wie oft wollte ich euch um mich sammeln, und ihr habt nicht gewollt." Ich fühlte die Kraft dieser Worte und wusste, dass Menschen aller Nationen, Rassen und Religionen hierdurch vereinigt werden könnten. Es war eine überwältigende Erfahrung,

die mein Leben vollkommen umgekrempelt hat,
weil ich begriff, dass es die Heilung vom Hass und
die Vergebung von Sünden bedeutet.

Dass Josef zum Glauben gefunden hatte und außerdem zu
einem Rahmen, innerhalb dessen er ihn ausleben konnte,
war für ihn kein Grund zur Selbstzufriedenheit. Während
er jahrzehntelang in der Bruderhof-Gemeinschaft lebte,
blieb sein Drang ungedämpft, denen eine helfende Hand
zu reichen, die sich mit den großen Fragen des Lebens
herumschlugen – zum Beispiel mit der Frage, wie sie
wirkungsvoll für den Frieden eintreten oder eine gerechte
Gesellschaft aufbauen könnten. Nie vergaß er die Ent-
behrungen, den Hunger und die Unruhen seiner eigenen
Kindheit und Jugend und er hatte Mitgefühl mit jedem,
der irgendwie mit dem Leben kämpfte – ganz gleich,
worum es dabei im Einzelnen ging. Ebenso wenig vergaß
er die Verzweiflung, die auf seinem eigenen Lebensweg so
prägend gewesen war. Vielleicht lebte er deshalb die Antworten, die er auf die großen Fragen gefunden hatte, mit
so viel Leidenschaft aus, und vielleicht lag hierin auch der
Grund für seine Sehnsucht, dass so viele Menschen wie
möglich sie auch finden mögen. In seinen eigenen Worten:

Vor vielen Jahren schrieb ich in einem Brief: „Ich
sehne mich danach, einmal im Leben in meinem Herzen die Antwort auf die tiefste Not der
Menschheit zu erfahren. Selbst wenn ich diese
Antwort nur eine einzige Minute lang erfahren
kann, wird mir das genügen." Seitdem habe ich
erlebt, dass es für Männer, Frauen und Kinder,

für Juden, Araber, Deutsche, Afrikaner, Amerikaner und Asiaten möglich ist, in Frieden und Brüderlichkeit zusammenzuleben. Es ist möglich, die Mächte des Bösen, die die Menschen entzweien, zu überwinden. Ich habe das sehr viel länger als eine Minute lang erlebt. Aber *immer noch* will ich mein Leben für diese Sehnsucht und ihre Erfüllung hingeben.

Einige Gedanken von Josefs Tochter Channah und einem israelischen Freund, Yossi Katz, runden das Bild ab:

Auch wenn mein Vater eine Gemeinschaft gefunden hatte, in der Menschen verschiedener Rassen und Herkunft danach strebten, in Harmonie miteinander zu leben, vergaß er nie, dass er Jude war. Er erinnerte uns ständig daran, dass die Berufung des jüdischen Volkes sei, ein Vorbild für die übrige Welt zu sein, und zwar in dem Sinn, von dem die Propheten gesprochen hatten. In den letzten Jahren seines Lebens reiste er oft nach Israel. Er sehnte sich danach, mit Menschen in Verbindung zu kommen, die für eine gerechtere Welt, für Versöhnung und Frieden arbeiten. Er hatte viel Respekt für alle diese Menschen und Gruppen, ganz gleich, zu welchem Glauben oder Nichtglauben sie sich bekannten, und freute sich über jede gute Diskussion. Er setzte auch große Hoffnungen in den Erfolg der neuen städtischen Kibbuzim.

Professor Yossi Katz von der Bar Ilan Universität in Israel erinnert sich:

Josef war zutiefst von seiner Entscheidung überzeugt, in den Bruderhof einzutreten – er verleugnete aber nie seine Verbindung zum Judentum und zu Israel. Für mich zeigte sich das deutlich bei den Namen, die er seinen Kindern gab, und auch in vielen anderen Dingen. Als ich ihn einmal bei sich zu Hause in New York besuchte, bemerkte ich, dass seine bescheidene Bibliothek das *Siddur* (Gebetbuch) *Rinat Israel* enthielt. Beim selben Besuch bat er mich, ihm Gebetbücher für Neujahr und *Jom Kippur* zu schicken. Einmal sagte ich zu ihm: „Du magst ja das Judentum verlassen haben, aber es hat dich nicht verlassen". Er lächelte sein besonderes Lächeln und sagte nichts dazu.

Die Verbindung zwischen dem Bruderhof und der Kibbuz-Bewegung war für Josef äußerst wichtig und einer der Hauptgründe für seine wiederholten Besuche in Israel. Bei einem dieser Besuche war er bei mir und meiner Frau zu Hause und wir haben *Schabbat* gefeiert.

Seine Teilnahme an diesem Mahl, begleitet von Liedern, die er noch aus seiner Kindheit kannte, und Gebeten, an die er sich noch perfekt erinnerte, wärmte unsere Herzen und die Atmosphäre im gesamten Haus. Danach gingen wir zum Haus von Hanoch Ahiman, einem von Josefs ehemaligen Lehrern in *Mikwe Israel,* der damals neunzig war. Die Begegnung war voller Gefühle und alle weinten. Josef liebte Hanoch besonders. Er hatte das Gefühl, dass er der einzige in der Schule gewesen war, der seine aufgewühlte Seele verstanden hatte, als er damals dort wohnte. Sechs Monate später starb Hanoch.

Josef hielt auch die Verbindung zu seiner Schwester und seinem Bruder aufrecht, die immer noch in Israel leben, und traf sich 2012 mit ihnen im Kreis der weiteren Familie. Später sagte er mir, er habe den Eindruck, dass dies die letzte Gelegenheit gewesen sein könnte, seinen Bruder zu sehen, denn dieser war damals schon vierundneunzig.

Neben all dem habe ich viel von ihm gelernt, zum Beispiel darüber, dass die Liebe eines Menschen von allem unabhängig sein sollte, über Achtung vor dem „anderen", über den Wert wahrer Freundschaft und darüber, Frieden zu stiften. Mehr als einmal sagte er zu mir: „Yossi, reagiere nicht negativ auf die, die nicht deiner Meinung sind. Akzeptiere einfach: Es gibt Unterschiede."

Der fortdauernde Konflikt in Israel war eine besondere Sorge, die Josef sehr naheging, dazu die schmerzlichen Erinnerungen an seine eigene Rolle in den frühesten Jahren dieses Konflikts. Er sah vor seinem geistigen Auge immer noch die Gesichter der Menschen von Lod, die seine Einheit aus ihren Häusern vertrieben hatte, und, wenn er noch weiter zurückdachte, die Gesichter seiner eigenen Leute, wie sie während des Zweiten Weltkriegs aus ihren Häusern in Polen vertrieben worden waren.

1997, fast fünfzig Jahre nach der Räumung von Lod, kam er mit dem Palästinenser Jakoub Munayer in Kontakt. Munayers Familie gehörte zu denen, die in den Unruhen von 1948 Gewalt durch israelische Soldaten erfahren hatten. Nach einem kurzen Briefwechsel reiste Josef nach Lod und traf sich mit Jakoub und seinem Sohn Salim.

Josef bat Jakoub um Verzeihung für das, was damals geschehen war, und dieser entsprach seiner Bitte voll Wärme und Verständnis. Danach erzählten die Männer einander ihre Erlebnisse und tauschten Erinnerungen aus. Am Ende dieser Begegnung hatten sie sich als Individuen vollkommenen versöhnt. Josef machte von dieser persönlichen Begegnung nie viel Aufhebens. Für ihn war es ein bescheidener Versuch, zwischen zwei Menschen Frieden zu schließen und der Flut der täglichen Geschichten über Spannungen, Feindseligkeiten, Selbstmordattentäter und Vergeltungsangriffe etwas entgegenzusetzen. Wie er jedoch später sagte, hatte er die Hoffnung, dass derartige Begegnungen eine Kettenreaktion in Gang bringen könnten: „Gewalt führt zu Gewalt, aber wenn man einen anderen Prozess in Gang setzt, indem man eine Hand ausstreckt und Vergebung und Versöhnung findet, kann sich auch das ausbreiten. Wir alle können das in unseren persönlichen Beziehungen tun: um Vergebung bitten und dadurch versuchen, eine bessere Welt aufzubauen."

Die Tatsache, dass Josef im Alter von damals 68 Jahren eine derartige Reise unternahm, und andere, ähnliche Unternehmungen veranschaulichen, wie sehr er immer wieder von seiner Leidenschaft für Gerechtigkeit angetrieben wurde. Immer war er auf der Suche, nie ruhte er sich

aus oder erlaubte sich, zu glauben, er wäre „angekommen".
Ruth (geborene Traub), seine geliebte Frau, war fünfzig
Jahre lang an seiner Seite – oder wartete zu Hause auf ihn.
Sie war Deutsche, Buchhalterin aus Hamburg. Gemein-
sam bekamen sie sieben Kinder (und die Schar der Enkel
wächst).

Im übertragenen Sinn war Josef ein Vater nicht nur für
seine eigenen Kinder, sowohl innerhalb des Bruderhofs als
auch darüber hinaus. Sein weiser Rat und die Demut, mit
der er ihn erteilte, machten ihn zu einem treuen Mentor,
Ratgeber und Beichtvater für Freunde und Bekannte von
New York über Europa bis in den Nahen Osten. (Noch
zwei Monate vor seinem Tod begann er, zwei junge Ame-
rikanerinnen zu betreuen, die sich gerade auf ein Jahr
Freiwilligendienst in Bethlehem vorbereiteten.)

Josef am Grab seines Vaters in Frankfurt

An seinem dreiundachtzigsten Geburtstag reflektierte
Josef über sein Leben in der Nachfolge Christi und als
Mitglied des Bruderhofes. Unter anderem sagte er:

> Es sind jetzt mehr als fünfzig Jahre. Wie viele
> Kämpfe haben wir durchgemacht – und ich bin
> immer noch hier! Eines Tages jedoch werde ich
> fortgehen. Sagt dann nicht, Josef sei treu gewe-
> sen. Er war es nicht. Aber Gott war treu. Er hat
> mich gehalten und das möchte ich heute her-
> vorheben. Ich sage euch, es ist das Letzte, woran

ich gedacht hätte, dass ich eines Tages in einer christlichen Gemeinschaft landen würde! Nicht einmal in meinen wildesten Träumen hätte ich das gedacht! Aber Gott hat mich geführt. Gott hat mich gemeinsam mit euch, liebe Brüder und Schwestern, geführt, und wir sitzen alle im gleichen Boot: Wir sind arme Menschen, die täglich kämpfen und stolpern und wieder aufstehen und einander helfen. Wir können das, weil Gott da ist und uns hilft, durchzukommen. Darum lobe ich Gott – weil er dieses Wunder getan hat. Ich bin nicht besonders wichtig, aber Gott ist groß. Mögen wir weiterhin Zeugnis ablegen – nicht für uns selbst, sondern zu seinem Ruhm.

Nach Josefs Tod fand sich ein Zettel in seiner Tasche. Darauf standen einige handgeschriebene hebräische Zeilen:

Hiermit vergebe ich allen denen,
die mich beleidigt oder verhöhnt haben,
allen denen, die sich unter Zwang, wissent-
lich und boshaft oder aus Unwissenheit
durch ihre Worte oder Taten an
mir versündigt haben.
Niemand sollte meinetwegen bestraft werden.[10]

---

10 Aus dem *Kriat Schema Al Hamita*, einem rituellen Abendgebet aus dem 5. Jahrhundert.

Dass er ein solches Gebet in seiner Tasche hatte, spricht Bände, vor allem, wenn man bedenkt, was er (vor allem als Kind und Jugendlicher) hatte erleiden müssen. Gleichzeitig mag man sich fragen, warum er es immer noch mit sich herumtrug – hatte er doch seit Langem die Verletzungen und das Böse, was ihm in der Vergangenheit angetan worden war, losgelassen. Um Vergebung zu bitten und sie zu gewähren, waren für ihn selbstverständlich und nichts mehr, was ihn persönlich noch besondere Überwindung gekostet hätte. Für diejenigen, die ihn am besten kannten, ist die Antwort eindeutig: Dieses Gebet drückt seine Sehnsucht aus, dass alle Menschen eines Tages den Weg zum Frieden finden mögen, so wie er ihn fand – Frieden für *alle* Menschen.

See Genezareth

Haifa

Moschaw Sde Ja'akov

Atlit

Tantura

Kibbuz Tirat Tzwi

Kfar Saba

Tel Aviv

Mikwe Israel

Lod

Jerusalem

Totes Meer

Iraq-al-Manschir   Kibbuz Kfar Etzion

20 km

139

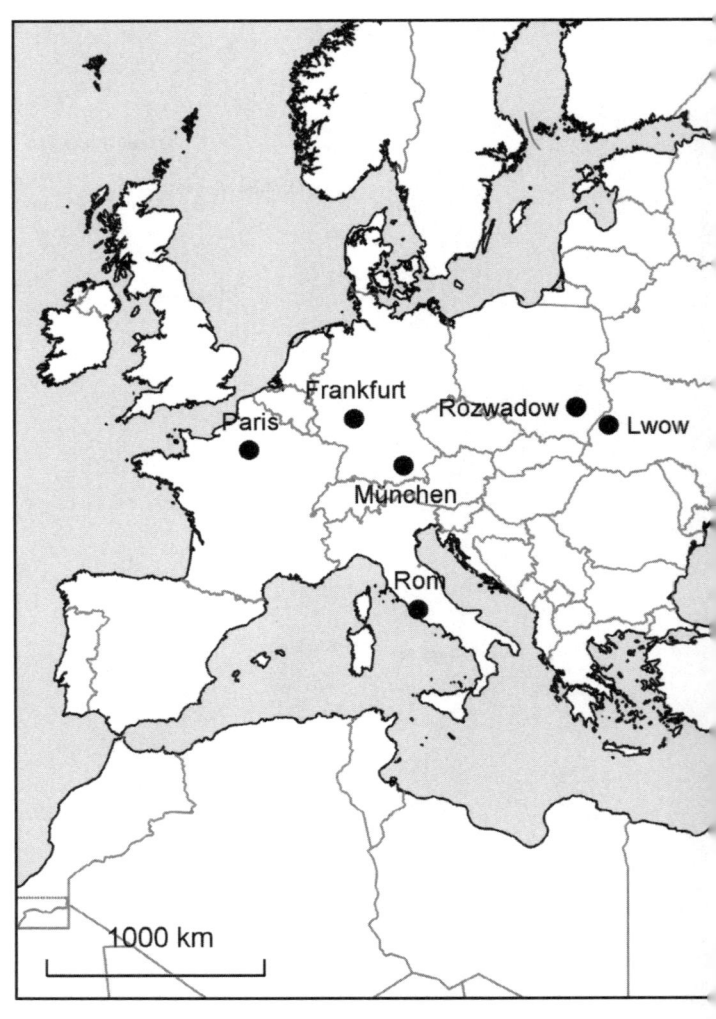

NEUFELD VERLAG

n[ⓥ]

Hanna Schott

Von Liebe und Widerstand

Magda & André Trocmé

Der Mut dieses Paares rettete Tausende: Ein französisch-russisch-italienisches Paar, das sich in New York kennenlernt und nach Indien reisen will, um Gandhi zu treffen ... Die beiden landen in der tiefsten französischen Provinz, André als Pfarrer, Magda als Lehrerin. Doch als deutsche Truppen Frankreich besetzen, eröffnen sich ihnen ungeahnte Möglichkeiten, gerade weil sie „am Ende der Welt" leben.

Eine Liebesgeschichte, ein zentrales Stück deutsch-französischer Geschichte und nicht zuletzt eine Geschichte von Mut und Zivilcourage, in der mehr als 3 000 Menschen, die meisten davon Kinder, vor dem sicheren Tod bewahrt wurden.

240 Seiten, gebunden, 3. Auflage 2014
ISBN 978-3-86256-017-2
E-Book: ISBN 978-3-86256-706-5

NEUFELD VERLAG

Markus Baum

Jochen Klepper

Jochen Klepper (1903–1942) war einer der bedeutendsten christlichen Schriftsteller des 20. Jahrhunderts. Sein Bestseller *Der Vater* wird immer noch gelesen, seine Lieder finden sich in vielen Gesangbüchern.

Aber wer war der Mensch Jochen Klepper? Das Bekannteste an seinem Leben ist ironischerweise sein tragischer Tod am 10. Dezember 1942, gemeinsam mit seiner von Deportation bedrohten jüdischen Frau und Stieftochter.

Markus Baum legt eine fundierte und lebendig geschriebene Biografie Jochen Kleppers vor.

240 Seiten, gebunden mit Schutzumschlag
ISBN 978-3-86256-014-1, 2. Auflage 2012
E-Book: ISBN 978-3-86256-707-2

NEUFELD VERLAG

*Der **Neufeld Verlag** ist ein unabhängiger, inhabergeführter Verlag mit einem ambitionierten Programm. Wir möchten bewegen, inspirieren und unterhalten.* Unser Motto:

**Stellen Sie sich eine Welt vor,
in der jeder willkommen ist!**

Das ist es, was uns bewegt. Davon träumen wir. Und dafür setzen wir uns ein.

Eine Welt, in der jeder willkommen ist – wir möchten, dass Menschen erleben: „Bei Gott bin ich willkommen. Könnte sein, dass das die wichtigste Entdeckung meines Lebens ist."

Eine Welt, in der jeder willkommen ist – wir haben ein Faible für außergewöhnliche Menschen, für Menschen mit Behinderung. Wir werben darum, sich gemeinsam auf Entdeckungsreise zu begeben – denn in Bezug auf unser Menschsein können wir viel voneinander lernen. Wir alle haben einzigartige Begabungen und Stärken. Wie gut, dass jeder anders ist!

Stellen Sie sich eine Welt vor, in der jeder willkommen ist! Machen Sie mit und setzen sich gemeinsam mit uns dafür ein? Das wäre wunderbar!

Bleiben Sie auf dem Laufenden:
www.**newsletter**.neufeld-verlag.de
www.**facebook**.com/NeufeldVerlag
www.neufeld-verlag.de/**blog**